# एक प्रतिध्वनि के लिए

# एक प्रतिध्वनि के लिए

श्याम सिंह

वाणी प्रकाशन

प्रकाशन के उत्कृष्टतम 61 वर्ष

vaniprakashan.com

सजिल्द पहला संस्करण : 2024

वाणी प्रकाशन

*4695, 21-ए, दरियागंज, नयी दिल्ली-110 002*

फ़ोन : +91 11 23273167, 23275710

**शाखाएँ**

*अशोक राजपथ, पटना-800 004, बिहार*

*कॉफ़ी हाउस कैम्पस, महात्मा गांधी मार्ग, प्रयागराज-211 001, उत्तर प्रदेश*

*महात्मा गांधी अन्तरराष्ट्रीय हिन्दी विश्वविद्यालय, वर्धा-442 001, महाराष्ट्र*

sales@vaniprakashan.in
vaniprakashan@gmail.com

Ek Pratidhwani Ke Liye

*by* Shyam Singh

ISBN : 978-93-6287-651-5
Poetry Collection



मूल्य : ₹ 450



*आर.टेक ऑफ़सेट प्रिंटर्स, दिल्ली-110 032 में मुद्रित*

*वाणी प्रकाशन का लोगो मक़बूल फ़िदा हुसेन की कूची से*

# समर्पित किसे करूँ?

उन आँखों को अर्पित करूँ जिन्होंने जीवन को
जीने की प्रेमासक्त पीनक दी
या
उस जामुन के पेड़ को जिसने
मेरे शब्दों को कर्कश होने से
बचाया
उन निश्चल भावशून्य विवश आँखों को अर्पित करूँ
जिनकी आहत करती दृष्टि ने मुझे
लिखने के लिए विवश किया
या
उस चार साल की टप्पू दीदी की
मुस्कान को जिसकी छाप अब भी
मेरे हृदय में अमिट बनी हुई है।

प्रतिबद्धता के उन भावों को समर्पित
करूँ जो अब भी मेरे जीवन को
कुछ मूल्यों से बाँधे हुए हैं
या
उन विभूतियों को अर्पित करूँ
जिन्होंने भारतवर्ष में मूल्यों की स्थापना की
और उन्हें ज़िन्दा रखा।
या

मिट्टी के उन दीयों को अर्पित करूँ
जिनकी आशावादी ज्योति
मेरी सोयी हुई मनीषा में
ऊर्जा भर जाती है और कहती है
कुछ लिखो

फिर फ़ेसबुक के उन मित्रों को कैसे छोड़ूँ
जिन्होंने कविता के फ़ेसबुक पर उतरते ही
सकारात्मक टिप्पणियाँ अंकित कर
निरन्तर उत्साह बढ़ाया।

इस संकलन की कविताओं का हर भाव मैं
उपरोक्त सभी को समर्पित करता हूँ।
किन्तु यहाँ पर पत्नी डॉ. संगीता सिंह का उल्लेख
न करना इस पृष्ठ और इस पुस्तक को अधूरा छोड़ने
जैसा होगा–जिन्होंने विषम पारिवारिक दिक़्क़तों में
मुझे उलझने नहीं दिया जिससे
कुछ सोचने या लिखने का
समय निकाल पाया; और वह ही
मेरी कविताओं की प्रथम पाठक एवं
आलोचक रहीं। उनसे इजाज़त
लेते हुए मैं इस कृति को ईश्वर के अप्रतिम
उपहार; जो मेरे जीवन की आधार है
मेरी पुत्री अक्षदा को अर्पित करता हूँ।

# शुभकामना सन्देश

नृत्य, अभिनय, संगीत और काव्य-कला के सभी रूप भावों के ही अनुवाद हैं। भाव अगर दिल से निकले हों तो हमें नये एहसास और नये अनुभवों से अवश्य जोड़ते हैं। श्री श्याम जी की कविताओं को पढ़ने का अवसर मिला, तो मैं दंग रह गयी कि प्रशासन की तमाम व्यस्तताओं के बावजूद उन्होंने बेहद प्रासंगिक कविताएँ रची हैं।

श्री श्याम बहादुर सिंह का कविता-संग्रह *एक प्रतिध्वनि के लिए* अवश्य ही हमारे समय की एक मूल्यवान कृति साबित होगी। उनकी कविताएँ जहाँ एक तरफ़ अपने समय के सामाजिक यथार्थ से टकराती हैं, वहीं दूसरी तरफ़ प्रकृति और प्रेम के अछूते-अनदेखे लोक से गहरे जुड़ी हैं। वे पाठक के दिल में सीधे पहुँचती हैं और दिमाग़ को झंकृत करती हैं।

मुझे विश्वास है कि *एक प्रतिध्वनि के लिए* कृति अनेक अँधेरे कोनों को भी आलोकित कर पायेगी ।

Hema Malini

**–हेमा मालिनी**

लोकसभा सदस्य

17-मथुरा, उत्तर प्रदेश

# मेरी बात

श्रेष्ठ कवि श्री श्याम सिंह की पहली कविता-पुस्तक *एक प्रतिध्वनि के लिए* कवि के संचित अनुभवों एवं अनुभूतियों की स्वर्ण-मंजूषा है। कवि का कथन द्रष्टव्य है—ये कविताएँ विभिन्न समयों में मन पर पड़े हुए छापों के अनुवाद हैं। जीवन के विभिन्न क्षेत्रों और परिसरों के जीवद्रव्य से निर्मित ये कविताएँ समकालीन काव्य-लोक को नये आलोक से द्युतिमान करती हैं। चार खण्डों में विभाजित यह संग्रह कवि के व्यक्तित्व के चार आयाम और भाव-दिशाओं को पुंजीभूत करता है। सभी खण्डों को एक साथ पढ़ने पर ही कवि के सम्पूर्ण आन्तरिक जगत् को समझा जा सकता है। कविताएँ इतनी प्रगल्भ और परिपक्व हैं कि सहसा विश्वास नहीं होता कि यह कवि की प्रथम कृति होगी।

'समय की दीवार' पर पहला खण्ड है जो अड़ोस-पड़ोस के दैनन्दिन जीवन को अंकित करता है जहाँ गौरैया भी है और जंगल भी। माँ के प्रति रचित कविता बेहद मार्मिक है जबकि 'अभी कोई आया है' एक अपूर्व, अप्रतिम स्मरण-कविता है। दूसरा खण्ड 'झाँकने लगे हैं नये पत्ते' अपनी चिन्ताओं और बुनावट में लासानी है। गिलहरी पर लिखी कविता हमेशा याद की जायेगी। कुछ ऐसी ही विरल कविताएँ 'प्रेम के अभिप्राय सारे' में संकलित हैं। जीवनसंगिनी तथा साथ की कविताएँ पढ़ते हुए लगता है कि श्याम सिंह की प्रतिभा नवाचारी व नवोन्मेषी है। 'गुनगुनी है धूप चलो घास पर बैठें' कई विस्मृत लयों-प्रसंगों को जाग्रत कर देती है। और अन्तिम खण्ड 'तुम ईश्वर क्यों बन गये' राम! की कविताएँ साहसिक और सन्धानपरक हैं। बहन शान्ता से सम्बन्धित कविता 'भगिनी प्रेम में राम हृदय' अद्भुत, अविस्मरणीय कविता है। यह पूरा खण्ड अतीत का और मिथकों का पुनराविष्कार और पुनर्लेखन है, परन्तु नितान्त नवीन दृष्टि से। श्याम सिंह इस संग्रह के साथ एक प्रभावशाली उपस्थिति दर्ज करते हैं जिनके भावी काव्य-प्रयत्नों को गहरी उत्सुकता से देखा जायेगा। आशा है कि सहृदय पाठक इस काव्य-ध्वनि को समुचित प्रतिध्वनि से अभिनन्दित करेंगे।

**—अरुण कमल**

# आमुख

पहले कभी सोचा भी नहीं था कि पुस्तक रूप में प्रकाशित होने वाली ये कविताएँ कभी इस रूप में पाठकों के पास पहुँचेंगी। ये कविताएँ विभिन्न समयों में मन पर पड़े हुए छापों के ऐसे अनुवाद हैं जिन्होंने समय-बेसमय मस्तिष्क को संवेदित किया और सीधे फ़ेसबुक पर उतर आये। जिन्हें फ़ेसबुक के मित्रों ने सराहा, टिप्पणियाँ कीं और आगे लिखने को प्रेरित किया। कुछ मित्रों ने उनमें कमियों या त्रुटियों को चिह्नित कर उनका परिष्कार भी कराया।

कविता का प्राणतत्त्व है अनुभूति। और अनुभूति की सर्वाधिक गहनता होती है प्रेम-तत्त्व में। प्रेम ऐसा मनोभाव है जो व्यक्ति के जीवन को इन्द्रधनुषी रंगों से भर देता है। जिसे प्यार होता है, मैंने उन्हें पछताते देखा कि हे प्रभु! यह पहले क्यों नहीं हुआ, इतने दिनों तक इस सब कुछ को आच्छादित कर देने वाले मनोभाव से वंचित कैसे रह गया। कुछ लोगों की ज़िन्दगी ऐसी होती है जो प्रेम की भीख की सतह को छूकर निकल जाती है। विरले ही इसकी गहराइयों में गोता लगा पाते हैं। प्रेम स्थूल से सूक्ष्म  और असीम से निस्सीम की ओर ले जाता है–

*अरे दिल,*
*प्रेम नगर का अन्त न पाया... ।* (कबीर)

ऐसे में कैसे मैं प्रेम-तत्त्व की उपेक्षा कर सकता हूँ। मेरी कविताएँ घूम-फिरकर प्रेम नगर में ही लौट आती हैं। जैसे प्रेम का सर्वोत्कृष्ट रूप प्रकृति के आँगन में ही खिलता है–

*यह सच है प्रिये!*
*प्रेम का पयोनिधि उमड़ता है*
*सदा ही निस्सीम भू पर।* (निराला)

तो स्वाभाविक रूप से प्रकृति भी प्रेम के वातावरण-निर्माण में आ ही जाती है– प्रकृति ही मुझे ईश्वर का दृश्य रूप ऋ++लगती है। मनुष्य प्रारम्भ में या प्रकृति के

अत्यन्त क़रीब रहा तो कभी वह प्रकृति से अभिभूत हुआ, कभी भयभीत तो कभी प्रकृति के अवयवों को देवता मानकर पूजा और अपनी सीमाओं व अपूर्णताओं को एक सर्वशक्तिमान ईश्वर के माध्यम से पूरा करने को उसके ऊपर छोड़कर निश्चित होने की कोशिश की। तो मैंने भी ईश्वर को एक मानवीय भूमि पर ही रखकर देखा। मैंने चाहा कि कुछ मूलभूत मानवीय मूल्यों की कोई अनदेखी न हो।

मुझे उम्मीद है कि मेरी ये कविताएँ जिन्होंने मिलजुलकर एक पुस्तक का रूप ले रखा है; आपके मन और मस्तिष्क को सीधे–बिना किसी जटिलता और घुमाव के–पहुँचेंगी। कहीं यह आपको अपनी पुरानी यादों में ले जायेंगी; शायद कभी कोई अपराधबोध भी पैदा करें और कभी आपके मस्तिष्क को खटखटायें! अगर किसी भी रूप में आपको प्रभावित कर पायें तो मैं इस प्रयास को सफल मानूँगा।

**-श्याम सिंह**

# अनुक्रम

## झाँकने लगे हैं नये पत्ते



## प्रेम के अभिप्राय सारे

# समय की दीवार पर

*रोज़मर्रा की ज़िन्दगी में होने वाली तमाम घटनाएँ हमारे मस्तिष्क से टकराती हैं। कुछ हृदय को वेदना दे जाती हैं, कुछ मस्तिष्क की शिराओं में तनाव पैदा कर देती हैं तथा कुछ धीरे-धीरे दिमाग़ में पकती रहती हैं। कुछ ऐसी भी होती हैं जिनसे दिल ख़ुशी से उछल जाता है। ऐसी घटनाओं के इम्प्रेशंस मेल्ट होकर एक अलग एसोसिएशन ग्रहण कर कविता में उतरे हैं। जो अपने मूल रूप से इतने पृथक् हैं कि अब वे उन घटनाओं के नहीं रह गये हैं। 'समय की दीवार पर' खण्ड में यथासम्भव ऐसी ही कविताओं को रखा गया है। कभी-कभी मुझे कविता कहने में संकोच होता है। अगर आज़ादी मिले तो मैं इन्हें सिर्फ़ 'अभिव्यक्तियाँ' कहना चाहूँगा।*

## दीवारें

दीवारें ही दीवारें
हमें दिखती हैं हर कहीं
नहीं दिखता कोई सेतु
जो भर सके दायरे
पार्श्व के ग्राम के।
छप्पर उड़ गये हैं
कच्चे मकानों के।
बाज़ कोई आता है
गाँव से माँस का लोथड़ा
ले जाता है।
सप्तर्षि ध्रुवतारा सभी मौन हैं।
फिर उसे रोकने वाला कौन है?
पास में जमे हुए
मलबे के ढेर पर
खड़ा हो पुकारता हूँ
आवाज़ दूर-दूर तक जाती है
पर लौटकर फिर नहीं आती
प्रतीक्षारत हूँ
एक प्रतिध्वनि के लिए।

# शहर परिचित हो चला है

शहर के
अजनबीपन में
सब कुछ सामान्य था
कोई विगत न था
न था कोई इतिहास
घूरती आँखों से
देखने वाले लोग न थे
न थी किसी को
मेरी कमज़ोरियों की तलाश

लोगों की आँखों में थी
एक निर्मल तटस्थता
शहर के जीवन में
मैं भी हिस्सेदार बना
नरोत्तम की मृत्यु पर
मैंने भी कन्धा लगाया
रम्मो ने जब
अपनी व्यथा सुनायी
मेरी भी आँखों से
पानी झर आया
एक दिन मुझे देख
सुरभि ने
आँखों से मुस्कराया

नन्ही-सी चिड़िया को
नोचते देख
चीख़कर मैं भी
चिल्लाया

फिर की गयी
मुझसे अपेक्षा
मनुष्य से ऊपर जाने की
उठने लगीं
प्रश्नसूचक निगाहें...
तब मुझे ज्ञात हुआ
शहर परिचित हो चला है
मैंने तय किया
अब बदलना है
शहर।

# सर्द हवाओं ने घेर रखा है चमन को

सर्द हवाओं ने
घेर रखा है
चमन को
आत्मा के विवर में
रखकर एक ज्वालामुखी
तुम राग सुलगाते रहना

मिट्टी के
उन दीयों में
संघनित कर दी हैं मशालें
चुपके से
रख आये थे
जो शिला की छाँव में
रोककर अपनी समीहा
अब ठहर जाना नहीं
तुम इन्हीं चिनगारियों से
आग फैलाते रहना।

हार मत जाना
अँधेरी रात तो
आती ही है
उफान पर हो
बाढ़ जब
साहिल से टकराती तो है

रुद्र के सन्देश को
तुम भेजना
उन पक्षियों को
चंचुओं में जिनकी
तिनका कोई आता नहीं
पी जायेंगे
एक दिन वे
उनकी आँखों का नशा
उन पंछियों की
प्यास को तुम
राह दिखलाते रहना।

आत्मा के विवर में
रखकर एक ज्वालामुखी
तुम राग सुलगाते रहना।

## दुकान नुमाइश में मैंने भी लगायी

एक वस्तु
वाहियात-सी
सहेजकर रखी थी
अरसे से
बनी रही बेशक़ीमती
मेरी ही दृष्टि में
हमेशा से
पिता औ'
पुरुखों के मुताबिक़
किन्तु चीज़ तो वही
जो काम आये
वक़्त ज़रूरत पर

मैंने सोचा
क्यों न बेचकर
पूरी करूँ
ज़रूरतें ज़िन्दगी की
दुकान नुमाइश में
मैंने भी सजायी
सभी दुकानों पर
चहल-पहल भीड़ है
लोग ख़रीद रहे
मोबाइल
महँगी कश्मीरी शालें

भदोही के क़ालीन
बनारस की साड़ियाँ
सहारनपुर की दुकान पर
निरखते फ़र्नीचर
उलट-पलट देख रहे
विभिन्न राज्यों की कलाकृतियाँ
फ़िरोज़ाबाद खुरजे की
चीनी मिट्टी
पोटरी बोन चाइना की
मीट की दुकानों पर
लग रहीं लाइनें
पिज्जे की दुकान भी
ग्राहकों से भरी है।

मेरी दुकान से
गुज़र रहे लोग...
कोई जा रहा यूँ ही
अपनी ही मस्ती में
मेले की धुन में
कोई उपहास की मुद्रा में
उपेक्षा से भरी
कुटिल मुस्कान में
हिकारत से देखता
सहानुभूति–
अवसाद की छाया में
कोई वेदना से भरी
तीखी आँखों से बेधता
दुकान लगा रखी है
बेचनी है आत्मा–
हाय रे दुर्भाग्य !
कोई नहीं ख़रीदार!
कोई नहीं ख़रीदार!!!

## अभी कोई आया है नयी परवाह लेकर

फिर कोई मक़ाम
अनजान
बुलाता है मुझे
फिर कोई
टीस तेज़
सालती है
रह-रहकर
एक फ़क़ीर कोई
निकला है
नयी राह लेकर।
चमन उदास था
सोया रहा
अपने ही
दरख़्तों के साये में
घर जलाकर किसी ने
किया है
उजाला अभी
ख़ुद को छोड़कर पीछे
कोई आया है
नया उछाह लेकर।
हर जगह झंझाड़ हैं
दरख़्त हैं
दरख़्तों पे नये गादुर हैं

रास्ते अवरुद्ध हैं
सियार कहीं
भेड़िये भी क़ाबिज़ हैं
लेकर मशाल हाथों में
कोई निकला है
सुबह का आगाज़ लेकर।

मेरी ही बात
मुझको ही समझाने
छोड़कर अपने नर्म बिस्तर,
विलास
अहं-अभिलाषा
मस्तिष्क की शिराओं में
लेकर तनाव मेरा...
अभी कोई आया है
नयी परवाह लेकर।

## शायर सुनो

सुनो शायर!
सच-सच...
झाँककर
दिल के कोटर में
थाम दिल
जवाब दो...

उलझे हुए
जज़्बात को
शब्दों में पिरोकर
ढाला कैसे?
कोई ज़ख़्म
दे गया गहरा
या दिल टूटा...
आँसू जो नहीं...
टप्प से टपका...
लेखनी की
सोत से फूटा...

बात ज़ब्त थी
अरसे से
मन के तहख़ानों में
जब भागती थी
ज़िन्दगी सरपट

राज के पथ पर
ज़ख़्म जो सिमटे पड़े थे
वक़्त के साये में
दर्द की चादर को
यूँ बेवजह...
उछाला कैसे?

सुनो भावक!
सुनो...
कुछ दर्द माशूक़ ने दिये
कुछ दंश जो तुमने सहे
चींटियाँ जो चलतीं
घुसकर जन्नत को तेरे
रेंगती, करती हुई
जलन...
मस्तिष्क में मेरे
सारे वो उन्माद तेरे
भर रहे अवसाद तेरे
सह न सका जब मैं...
ब्लीड आउट हो गया
छोटे-से दिल में
तुमने सम्हाला कैसे?

# जंगल की लकड़ियाँ

रोज़ तड़के
किसान चले जाते
लेकर अपने ढोर
जंगल से काटकर
लाते थे लकड़ियाँ

दिन भर जंगल के साये में
चरती गाय और भैंसें–
चरवाहे किसान
गर्मी के उमस में
चुनते-काटते लकड़ियाँ

कुछ सूखी
कुछ हरी
कुछ बल्ली पूरे पेड़ों की–
गोधूलि पर लौटते ढोर
धूल उड़ाते हुए
बिखरे-बिखरे
रास्तों में फैले हुए
बीच-बीच में किशोर...
जवान किसान
सिर पर बाँधे लकड़ियाँ

पड़ जाते कभी
फ़ॉरेस्ट गार्ड की चपेट में

जान बचाते बमुश्किल
फेंककर भागते लकड़ियाँ

अलावा रोज़मर्रा काम के
बेकार ख़ाली वक़्त में
योजनाबद्ध तरीक़े से
लायी जातीं लकड़ियाँ...

फिर भी जंगल थे
बढ़ते बेख़ौफ़ सघन
संस्कृति बदली
कड़े क़ानूनों के भय से
किसानों ने छोड़ दीं
जंगल की लकड़ियाँ।

कुछ माह पहले
जंगल से गुज़रा...
किन्तु यह क्या...?
जंगल जहाँ न दिखता था
दस क़दम दूरी पर
हवा रोक लेता
बादल भी थाम लेता
अपने दामन में...
आज जंगल दिखता है
आर-पार...वीरान...
रास्ते भर धुनता रहा
जंगल के हरे दरख़्तों में
लग गये घुन?
जो भेद रहे
देश के मर्म को बेहिसाब
कभी-कभी
जलती थी टार्च

वनरक्षक की
रातों में
अब जलती हैं
योजनाबद्ध लाइटें
और
कटती ही जाती हैं
जंगल की लकड़ियाँ...
गुपचुप-गुपचुप
तोड़े बिना क़ानून!!

## राजा ने तन्ने नहीं जने

धधकती भट्ठी में
गंगू लुहार...
देता ही जा रहा
धौंकनी लगातार

भट्ठी में लोहे डालता
निकालकर
रक्त तप्त
रखता निहाई पर
देता है रुक-रुककर
हथौड़ा सलीक़े से
सँड़सी से घुमाता
बनाता धारदार स्याह

छोटी-सी बच्ची
पहने हुए कच्छा
बिखरे-से बाल
नग्न ऊपर का हिस्सा
आयी मुँह फुलाये
रूखी रोटी
हाथ में झुलाये
बोली...
"माई ने गुड़ नहीं दिये

कहा—सूखी रोटी खाओ
राजा ने तन्ने नहीं जने"
गंगू ने मुन्नी को देखा
सख़्त चेहरा...
फैलाकर नासापुटों को
लगाने लगा हथौड़ा
ज़ोर-ज़ोर से लगातार
निहाई पर पूरी ताक़त से
बिन कहे एक भी शब्द
देखता हुआ एकटक...

जब भी
आ जाती है
याद उस सुबह की
बजने लगते हैं
हृदय में
हथौड़े धड़-धड़
मस्तिष्क में
गूँजने लगता है
उसका मूक स्वर।

## अब नहीं बसती गौरैया

बैठा हुआ
डाइनिंग टेबल पर
खुदड़ता हूँ
थाली के भात
कहीं कोई मेढकी
पड़ी तो नहीं
नीचे हताश

ड्राइवर ने
एक दिन
बोला अनायास
बासमती खेतों में
खर-पतवार, कीटनाशक
पड़ते हैं इस क़दर
मर जातीं मेढकी
वयस्कावस्था में
लहलहाती फ़सलें तो
बाक़ी हैं खेतों में
पर बीडीसाइड ने
कर दी आसानी बहुत
नहीं रही दिक़्क़त
घासों की निराई की

श्रमिकों की समस्या भी
हो गयी आसान

गर्मियों में फुदकते
भेक शिशु
अब नहीं
आजिज़ करते
मन को बेवजह

बच्चों को
बतायें कैसे
उनकी पहचान
जो इंटरनेट
और किताबों में
ढूँढ़ते ही रहते

बन रहा इतिहास
क्रमशः
सन्तति जटायु की
और दरिया में
मगर का
डर अब जाता रहा
नदी व झील में
आते हैं वे
मेहमान की तरह

आह!
घर के दासे पर
अब नहीं बसती गौरैया
आँगन में
पड़े हुए हैं तिरस्कृत
दाने अनाज के।

## माँ! तेरी वो याद रुलाती है मुझको

अन्तर्व्यथा जब बढ़ जाती
नहीं दिखता कोई अपना
खींचता हूँ वक़्त की डोर
पीछे की तरफ़
क्षितिज से आती है कोई आहट
पहचानी जैसी
आकाश में एक
फैलती परछाईं-सी
होंठों पर वही मुस्कान
चिरपरिचित-सा
लेकर मेरा नाम
बिन्दास बचपन का
माँ! तेरी वह धीमी-सी
आवाज़ बुलाती है मुझको।

याद आता है तेरा वो चेहरा
भूल रखा है वर्षों से जिसे
लौटकर आता
खेलकर जब भी
पहले तो तुम
डाँट पिलाती
फिर सलीक़े से हटाती
चेहरे से मेरे

मिट्टी की परत
तेरी डाँट में धुलती थी
मैल हाथों की
बैठाकर पीढ़े पे मुझे
ख़ुद बैठती
ज़मीं पर तू
तेरे हाथों से
खाता हुआ मैं
देखता जादूमयी
आँखों में तेरे
मन करता है
फिर खो जाऊँ
तेरी आँखों की ममता में
माँ तेरा वो डाँटोंवाला
लाड़ सताता है मुझको।

मेरी शरारतों से
आकर तंग
दौड़तीं तुम जब
मारने को मुझे
और मेरा भागना
पीछे-पीछे दौड़ना तेरा
मुझे मज़ा आता
तुम्हें छकाने में
और बढ़ता ग़ुस्सा तेरा
हारकर तेरा रुकना
फेंक देना छड़ी
और क्रोध में रोना
फिर मेरा पास आना
छड़ी को हाथों में दे
ख़ुद को सौंपना

ग़ुस्से में
तेरा थप्पड़ लगाना
और पल में
सीने से लगा के
सिसकना
माँ! तेरा वो ग़ुस्सेवाला
मनुहार रुलाता है मुझको।

चुराया था
तेरे बटुए से
पीतल के पुराने सिक्के
ख़रीदे थे ग़ुब्बारे
नये पेन व नये खिलौने
आकर्षक रंग-डिब्बे
तब ठनका माथा तेरा
पूछा तुमने सख़्ती से–
"कहाँ से लाये इतने पैसे"
बोला–
"मेरी क्या है ग़लती
मैं छोटा हूँ...
बिना बात तू मुझे डाँटती
संच ये है
हैंडपम्प चलाया
उससे थे निकले पैसे..."
इतना तगड़ा कान उमेठा
कि दर्द कहीं न छू जाये
माँ! तेरी वो
उमठन वाली याद रुलाती है मुझको।

जब भीषण ज्वर में मैं था
हर देवी हर मन्दिर
मन्नत माँगा था तुमने

सिधाने पर छोटी छुरी
हनुमान चालीसा
ताँबे के लोटे में
रखा था तुमने सिक्के
रात-रात भर माथे पर
कपड़े की पट्टी रखना
कुछ भीगे बर्तन के जल से
कुछ नैनों के निर्झर से
आज गाँव के निर्जन घर में
तेरी आँखें मुझको तकतीं
माँ! तेरी उन आँखों की
बरसात रुलाती है मुझको।

## अप्रयुक्त होने की पीड़ा है दुस्सह

वासुकी की
उतारकर
फेंकी गयी मणि
उपेक्षित पड़ा हुआ हूँ
गुफा के अँधेरे में
विकिरित रश्मियाँ
जा रही हैं व्यर्थ
प्रतीक्षारत हूँ
मनीषी कोई आये
स्थापित करे
वाजिब जगह पर
स्वर्णिम नीले बैंगनी श्वेत
रेडियो-स्फुर रत्नों के
नैनो कणों को
संयुक्त कर मैं बना
नौ ग्रहों की दीप्ति
आकाशगंगा का मर्म
भूगर्भ का रहस्य
अपने केन्द्र में छुपाये
चिन्तामग्न पड़ा हूँ
क्या यही है
मेरे जीवन की निष्पत्ति
विज्ञान की कोई मंज़िल

क्या मिलेगी सचमुच?
मुश्किल है
सहेजकर रखना
क्रियात्मक ऊर्जा का भण्डार
विज्ञान की मेधा
माँगती है रूपान्तरण
अप्रयुक्त होने की
पीड़ा है दुस्सह
जी में आता है
अपनी ही ऊर्जा से
स्वयं का कर दूँ विस्फोट
मिलाकर अपनी शक्ति
कॉस्मिक ऊर्जा से
चिरन्तन बन जाऊँ।

## सज़ायाफ़्ता

(चार साल की बच्ची टप्पू दीदी के लिए जो अपनी माँ के जुर्म के कारण
साथ में कारावास भोग रही थी)

ऊँची दीवारें
स्वच्छ परिसर
शान्त परिवेश!
दीवारों पर
उकेरी गयीं
अर्थपूर्ण कलाकृतियाँ
सुभाषित सूक्तियाँ।

भावशून्य आँखें
कुछ आक्रोश से भरी
कुछ भावुक
शिकायत करती हुईं
कुछ उपेक्षा से भरी
निश्चल–
जिन्हें देख
आहत हृदय
बाहर आ जाने को हो–
कारागृह में
बँधा हुआ
यौवन विवश।

चिकित्सालय के

बिस्तर में
काँपता एक वृद्ध
उपेक्षित तन्हाई में
जिसे देख
मैंने जाना कि–
आया होगा
एक दिन
युवक की तरह
अपनी आशाओं
और आकांक्षाओं की
देकर तिलांजलि।

पाकशाला!
द्रुतगति से
सेंकी जाती रोटियाँ
बड़े-बड़े कड़ाहों में
पकायी जाती
दाल और सब्ज़ियाँ।

कलुषित मातृत्व
और
उपेक्षित बचपन
बिना खिलौने
खेलते बच्चे
बिन विद्यालय
पढ़ते बच्चे
कुण्ठा
अवसाद
और विकृतियों की
कहानी में

हतभाग्य ये
पलते बच्चे

टप्पू दीदी की मुस्कान
रुद्ध भविष्य से
अनजान–
बिन अपराध
सज़ायाफ़्ता!

## कब से इन्तज़ार था कि कोई आफ़ताब आये

कब से इन्तज़ार था कि कोई आफ़ताब आये,
वो ना आये तो कोई बात नहीं आये तो बेहिसाब आये।

ज़ख़्म की चादर में लिपटे हैं मुरझाये चेहरे,
सैकड़ों हाथ उठ रहे हैं अब तो कोई इमदाद आये।

बैठा रहा सिमटा रहा अपने ही ग़मों के साये में,
मैं सोचता ही रह गया कि शायद इंक़लाब आये।

काटता गया दिन मुफ़लिसी के यूँ ही सोचकर,
अपना भी दिन कोई शायद लाजवाब आये।

हर कंकाल झूम जाये एकबारगी ख़ुद्दारी में,
पीकर नशा वफ़ा का हो ऐसी कोई शराब आये।

जिन जुगनुओं को भेजा था लिफ़ाफ़े में बन्द करके,
अब बन गये मशाल हैं कुछ ऐसा मुझे जवाब आये।

हटा दो पर्दा आँख से ऐ मेरे इब्र-ए-वतन,
तुझे इरादे चट्टानी औ' लोहे का जज़्बात आये।

## ओ लफ़्फ़ाज़

जब भी देखो
बनाकर मुख
मरोड़ अपनी जिह्वा
को तकलीफ़ देते
बेवजह बेज़रूरत
निकालते हो ध्वनियाँ
रुचिकरं सुबोध
आड़ू वेणु घिंगाड़ू
सब हैं एक दर
तुम्हारी नज़र में।
विषय चाहे कोई हो
बोलने के वास्ते
तुम्हें कभी कमी नहीं
किसी कंटेंट की
गांधी पर बोलना हो
या हो ग़रीबी पर
साहब की स्तुति हो
या दोस्तों में हाँकना
प्रशंसा की ढेर सारी
उक्तियाँ भी याद हैं
तह में जाने वाले
होते हैं गिनती के
इसीलिए बहुसंख्यक

तुम्हारा है लक्षित
जो भार नहीं देता
बेमतलब मस्तिष्क पर।
बोलने में व्यय होती
शक्ति अनावश्यक
विद्वानों के मुताबिक़
एक राष्ट्रीय क्षति है।
इनकी-उनकी
हमारी-तुम्हारी
करते ही रहते
तुम तारीफ़ बेअटक
बिना पूर्वाग्रह के
बिना किसी लज्जा के
समरसता का प्रस्तुत करते
अप्रतिम उदाहरण
आज कुछ यहाँ कहा
कल कुछ और कहीं
मान-अपमान समता के
ओ! जीवन्त आदर्श!
तूने पढ़ा नहीं
एस्टापेल के नियम
अरे! ओ लफ़्फ़ाज़!

# अक्सर समूह में ही चलती हैं लड़कियाँ

प्रश्न नहीं कि स्त्री
किसकी सखा है
किसकी है पत्नी
और किसकी है दुहिता
रानी है वह
अथवा है सेविका
किन्तु है विवश वह
और निर्भरा हैं...
उसके बिना यद्यपि
जीवन निस्सार है
किन्तु अपने ही दामन में
सिमटती हैं लड़कियाँ।

अर्जुन की द्रोपदी हो
या सीता हो राम की
दिल्ली की निर्भया या
शेफाली उन्नाव की
राजा का दृष्टिहीन
होना विवशता है...
विदुर, कृपा, द्रोण
बैठे तटस्थ हैं
दुर्योधन दुःशासन तो

निगेटिव कैरेक्टर हैं
युधिष्ठिर के दाँव पर
लगती हैं लड़कियाँ।

आसमान छूने की
तमन्ना जो दिल में हो
अपनी पसन्द का
करना हो इज़हार
लड़की को अपनी
अभिव्यक्ति की आज़ादी कहाँ
चुपचाप अँधेरे में
सिसकती हैं लड़कियाँ।

ऑफ़िस में बॉस की
माँग चाहे अनुचित हो
टूट जाये दिल चाहे
प्रेमी के धोखे से
हर जगह देना है
चरित्र का प्रमाणपत्र
किसी को बताये बिना
बिखरती हैं लड़कियाँ।

इन्सान के लिबास में
कोई न कोई तेन्दुआ
घात में लगा है
हर मोड़ पर छिपा है
भेड़ियों के जंगल में
अपनी सुरक्षा तो
अपने ही हाथ है
इसलिए समूह में ही
चलती हैं लड़कियाँ।

## यूँ बेवजह

सलीक़े से
व्यवस्थित कक्ष में
जल रही
केवल एक मोमबत्ती
पसरा हुआ मद्धिम अँधेरा
अर्धवसन खड़ी है वह
सोफ़े के पीछे
झाँक रहे अवयव उसके
कब से प्रतीक्षा में
परिस्थितियों के पात्र में
उड़ेलता मैं बार-बार
पिये जा रहा हूँ
ज़हर ज़िन्दगी का।

एक काली छाया
आधुनिक कलाकृतियों से
उतरती है नीचे
घूमती है शहर में
ख़ूबसूरत बाज़ारों में
यौवनाओं के बीच में
बिखेरती विद्रूप।

कारों के फाटक पर

टीन का कटोरा लिये
हाथों में नंगा बच्चा
चीथड़ों में घूम रही
काली नवयौवना
वाहन स्वामी
घूरकर जुगुप्सा में देखता
भीतर है ठण्डी हवा
सुगन्ध ऐश्वर्य का।

नगर निगम का डस्टबिन
जिसके ऊपर
ख़ूबसूरत रंगों के बीच
बनाया हुआ गांधी का चश्मा
निकालता हूँ कूड़ा
बीनता हूँ
कुछ तिनके शब्दों के
डस्टबिन से
लीपता हूँ कविता
यूँ बेवजह!

## हिन्द के सलोने! समझो अपना किरदार

नेहरू हों या जिन्ना
मानवीय सीमाओं में बँधे
एक किरदार थे
अपना कार्य पूरा किया
बन गये इतिहास।

हक़ है तुम्हें
उनसे सहमत
या असहमत होने का
किन्तु याद रखना
नाव
नदी पार करने के लिए होती है
स्वीकार करो उसका दातव्य

ओझल न होने देना
क्षितिज से आती हुई
रुपहली किरण को
जिसके लिए तुमने
नदी पार किया था
नाव को सिर पर
ढोने से
नाव का उद्धार तो न होगा
ज़रूर टूट जायेगी
तुम्हारी कमर।

क्या मिलना है
इतिहास को कोसने से
बेशक समीक्षा करो
समझो सीमाएँ
इतिहास की भी
और इतिहास के पात्रों की।

कुछ नहीं मिलना है
इतिहास को ढोने से
वक़्त है सबक़ लेने का
इतिहास से...
तुम्हारे सामने है
देश का खुला भविष्य
समानता और विकास की
गारंटी देने वाला संविधान

और आशाओं का लोकतन्त्र है...
सामने पड़ी है
पूरी ज़िन्दगी...
बहुत कुछ है करने को
नफ़रत और फ़साद के सिवा
हिन्द के सलोने!
समझो अपना किरदार !!

---

2018 के मई के प्रारम्भ होते ही अलीगढ़ मुस्लिम विश्वविद्यालय के स्टूडेंट यूनियन हॉल में मोहम्मद अली जिन्ना की लगी तस्वीर को लेकर अलीगढ़ में माहौल गर्म हो गया। हिन्दू और मुस्लिम युवा दो हिस्सों में बँट गये। ए.एम.यू. सर्किल पर रोज़ बड़ी मात्रा में पुलिस और मजिस्ट्रेट बैठने लगे... दिन व रात। वे दोनों समुदायों के पात्रों से वार्ता करते, उन्हें उनका किरदार समझाते। ऐसे ही समय में यह कविता लिखी गयी।

# सूख गये आँसू उसकी ही आँखों में

अँधेरे बन्द कमरे में
रामदीन टटोलता है दीवारें
शायद छू जाये कहीं
दरवाज़ा उसके भाग्य का

बनाता है योजना
जाने को बाहर
ज़िन्दगी के अँधेरे से।

इकट्ठा करता है
कुछ सफ़ेदा
थिनर और
ऑक्सी कीटनाशक
मिलाता है उनमें
बेंजोएट तरीक़े से
बनाता है ग़रीबी से
निजात का फ़ार्मूला

सोचता है...
फुलझड़ियाँ
रंग-बिरंगे पटाख़े
तेज़ आवाज़ के

मिटा सकते हैं
अँधेरा उसकी ज़िन्दगी का

घूमने लगता है
आँखों में सपना
बेटी के विवाह
और
पोते के मुण्डन का।

उन्नत मेधा को
दिया अंजाम भी
क्रिकेट के सुनसान
मैदान में
किया भिनसारे ही
परीक्षण
प्रयोग का।

दीवाली के भरपूर
बिज़नेस की तैयारी में
इकट्ठा किया
ढेर सारा
सामान दालान में
सामग्री क्रय की क्षमता
तो थी नहीं
बना लिया हिस्सेदार
एक मालदार को।

विधाता को मंज़ूर
लेकिन नहीं था
आये बेसंकट
उजाला उसके जीवन में
पटाख़ों के अवयव ने
कर दिये षड्यन्त्र

होकर संयोजित
एक दिन दग गये
अलके सवेरे।

रामदीन आते
रोज़ की चर्या से
पहले ही ख़बर ने
सोख लिया रक्त ज्यों...
बेटी बेटा पुत्रवधू
पोते की लाशें
क़तार में पड़ी थीं
एक-एक ईंट
जोड़कर बनाया था
घर आज ढेर था
बेढंग मलबे का
दहल गयी बस्ती
भयानक विस्फोट से।

भावशून्य बैठे हुए
कोस रहे...
क़िस्मत को
कभी विधाता को
कभी विक्षिप्त हो
करते विलाप यूँ...
रामदीन भूल गये
सचमुच में मिले उनसे
या देख लिया
छोटी-सी झपकी में
सपना बड़ा-सा
विश्वकर्मा जी स्वयं आये

आश्वासन दिया
नया घर बनाने का
चित्रगुप्त ने लगाया
हिसाब ज़िन्दगी का
मौत की राहत का
भरोसा दिलाया

बहुत-से देवर्षि
नारद भी आये
क़ानून के निर्माता
पालक भी आये
कर दी व्यवस्था
शव के आवरण और
ज्वलनशील काष्ठ की।

सूख गये आँसू
उसकी ही आँखों में
आज भी रामदीन
आता है दफ़्तर में
मकान की माँग करता
और कभी राहत की
माँगता मुआवज़ा
हाथ फैलाये
आस लगाये...
पता नहीं
यह स्वप्न का विश्वास है
या विकल्पहीनता
विवशता की।

आकाश के शून्य में
नज़रें लगाये
हारकर बैठा आज
रामदीन कोस रहा
निर्दय विधाता को।

---

लगभग प्रत्येक वर्ष दीपावली से पहले किसी न किसी शहर में पटाख़ा बनाते हुए दुर्घटना हो जाती है...कोई ब्लास्ट हो जाता है...मकान ध्वस्त हो जाते हैं और आग लग जाती है। दुर्घटना में घायल और मृतक अक्सर ग़रीब लोग होते हैं। कभी-कभी ऐसा भी होता है कि कोई पटाख़ावाला अमीर व्यक्ति पैसे व सामग्री प्रदान कर ठेके पर पटाख़े बनवा रहा होता है। किन्तु दुर्घटना के

शिकार...जो रोज़ अपनी रोटी कमाते हैं। यह सुखद पहलू है कि न्यायालय के हस्तक्षेप के बाद लगातार पटाख़ों का चलन कम हो रहा है।

# ऐसी प्रीति लिखूँगा मैं

आज भाग्य की रेखा पर अपनी जीत लिखूँगा मैं,
यौवन के हर दिल पर आज अभिनव गीत लिखूँगा मैं।

मन्दिर मस्जिद अरु देवालय धर्मग्रन्थ सब पढ़ डाले,
आज देश की बेदी पर अब मनमीत लिखूँगा मैं।

मानवता व मूल्यों की बातें बहुत कीं हमने भी,
अब तक सब था उलझा-उलझा अब निर्णीत लिखूँगा मैं।

खुले हुए झंझावातों को मैंने ख़ुद को सौंप दिया,
हवा को अब तक बाँधे थे जो उन पर भीत लिखूँगा मैं।

एक तरफ़ है नृत्य नशे का एक तरफ़ है पल-पल मरना,
हरचरना आवेश में गाये वह रणनीति लिखूँगा मैं।

हर ज़र्रा रूहानी हो इन्सान परे हो मज़हब से,
नफ़रत के उन पन्नों पर ऐसी प्रीति लिखूँगा मैं।

बह जाना ही नियति नहीं है आज खड़ा तूफ़ानों में,
बाढ़ की बहती नदियों में अब स्थिर द्वीप लिखूँगा मैं।

आज भाग्य की रेखा पर अपनी जीत लिखूँगा मैं!

# ईद मुबारक हो, दोस्तो!

आज ईद है
सजा हुआ है
ईदगाह क़रीने से
साफ़-सुथरे वस्त्रों में
बैठे हैं लोग
ईदगाह में
सामने और आसपास
सड़कों पर
भारी तादाद में
पढ़ रहे नमाज़
और हम
करते रहे प्रार्थना
कि नमाज़
सकुशल सम्पन्न हो!

# तुम निष्ठावान हो!

मेरी आत्मप्रशस्ति पर
ताली बजाओ
जब मैं मुस्कराऊँ
तुम भी मुस्कराओ
प्रमाणित करो
कि तुम निष्ठावान हो।

जो मैं गाऊँ तो
तुम भी गुनगुनाओ
मेरी विचारधारा को
विश्वप्रेम का घर बताओ
मैं ना बुलाऊँ
तुम तब भी आओ
मेरे गुणों को
गिन-गिनकर सुनाओ
प्रमाणित करो
कि तुम निष्ठावान हो।

मेरी हर राह को
अपना गन्तव्य बनाओ
पथ चाहे पगडण्डी हो
तुम राजपथ बताओ
मेरी मन्थर चाल को
ग़ज़ब सरपट बताओ

जब मैं गिर जाऊँ
तो तुम भी लड़खड़ाओ
प्रमाणित करो
कि तुम निष्ठावान हो।

जो मैं ना बोलूँ
वह भी समझ जाओ
और यदि बोलूँ
तो क़तई ना सकुचाओ
जैसे भी हो
तुरत करके दिखाओ
जिसके आगे
मैं सिर झुकाऊँ
उसकी चरणों में
बेशक तुम पसर जाओ
प्रमाणित करो कि
तुम निष्ठावान हो।

मेरे पुत्र-पुत्री
व अनुचर को
ईश्वर की तुम
प्रतिकृति बताओ
मेरी आरती के उपरान्त
तुम उन पर भी
पुष्प चढ़ाओ
यदि मैं शोकग्रस्त होऊँ
तो तुम रो-रोकर मर जाओ
प्रमाणित करो
कि तुम निष्ठावान हो।

# हुज़ूर आपके लॉन की घास गद्दीदार है

लॉन के किनारे
क्यारी में माली
निकाल रहा घास
घड़ी इन्तज़ार कर
धूप शर्म त्यागकर
ख़ुद ही थिरक आयी
माली भी सुस्त हो
बैठ गया लॉन में
धूप की आग़ोश में
अनायास खो गया
ढलती हुई उम्र की
थकान में सो गया।

इसी बीच मैनेजर आया
आग से भी तेज़ गरमाया
बोला–चलो मालिक ने
तुम्हें बुलाया...
मैनेजर– सुबह के दस बजे
सो रहा लॉन में
की है गुस्ताख़ी इसने
मालिक की शान में

माली– एक पुरानी कम्बल थी
खींचकर लम्बा करने में

रात पूरी बीत गयी
करवट बदलने में
सरकार, आज लॉन में
धूप मज़ेदार है।

मालिक– निकम्मेपन की रज़ाई
ओढ़ रखी है तुमने
धूप तो हर जगह
एक-सी बरक़रार है

माली– बोरा बिछाकर
सोया था रात में
अकड़ गयी थी
देह आज ठण्ड से
धूप तो हर जगह
ऐसी है लेकिन
हुज़ूर आपके लॉन की
घास गद्दीदार है।

## अगर

सभ्य होना एक त्रासदी है,
अगर आप संवेदनशील हैं
तो समझिए
आपका तनाव ऐसे बढ़ा
मथुरा का खारा पानी पी
करेला जैसे नीम चढ़ा!

## ताक़ते-असर से एतराज़ों का गला घोंट दिया

ताक़ते-असर से एतराज़ों का गला घोंट दिया,
खिड़कियों से आती हुई ताज़ा हवा रोक दिया।

आस्तीन में पलते हुए साँपों से बचना,
क्या पता पीछे मुड़ें और छुरा भोंक दिया।

करती है गुमराह अतिशय प्रशंसा भी,
तारीफ़ अगर हद से बढ़ी मैंने बढ़कर टोक दिया।

मैंने सहेज रखा है दिल के अपने ज़ख़्मों को,
किन्तु ज़ख़्मदानों को हमने नहीं चोट दिया।

बदलती है सीरत भी एक दिन दरिन्दे की,
मुआयना-ए-नफ़्स का मौक़ा बेख़ौफ़ दिया।

## यथार्थ के पठार पर

ख़यालों का हिस्सा
बन गयी हो तुम
सदा के लिए

तुम्हारे सम्बन्धों का
सब कुछ
जो अतीत हो चुका है
नहीं हो पाया स्वतन्त्र
वर्तमान आज भी
भारतवर्ष के माफ़िक
ब्रितानवी शासकों की
विदाई के बावजूद
परतन्त्रता का विगत
अब भी नहीं गया
अवचेतन से...

तुम्हारी स्मृतियाँ!
जैसे कोई सुदूर नियन्ता
करता संचालन
उँगलियों के इशारे पर।
तुम्हारे घने उलझे हुए
केशों की तरह
सुलझाने में
लगा ही रहता हूँ

ज़िन्दगी की
मुश्किलें
जैसे शिशिर की
छोटी-सी एक रज़ाई को
लम्बा कर
सिर ढकने की कोशिश में
नंगा हो
ठिठुर जाता है
पैर अनायास।

तुम्हारी यादों की डोर से
लटका
पार करता हूँ
तमन्नाओं की घाटी
अक्सर टूट जाती है रस्सी
धम्म से गिरता हूँ
यथार्थ के पठार पर
कुछ बच्चे श्रमिक
आते हैं दौड़कर
करते शिकायत कि–
सत्तर सालों से
लटके हो तुम
निष्ठा की डोर से
कर रहे हवाई यात्रा
और हम अँगूठा टेक
कर रहे इन्तज़ार
कि तुम्हारे आने से
होगा भानूदय
हमारी ज़ात का–

विकृत तस्वीरें!
छोड़तीं नहीं पीछा

कोशिशें कितनी भी
कर लूँ
नहीं समझतीं मूल्य
तुम्हारी आँखों के
रहस्यलोक का
घूमते हैं जिसमें
सपने ज़िन्दगी के।

आशाओं का समन्दर
उमड़ता है अकल्पित
कल्पना का प्रेमतन्तु
पकड़
उतरता हूँ गहरी खाई में
शायद कोई दरवाज़ा
पहुँच ही जाऊँ
खुल ही जाये
किसी रत्नलोक में।

## तुम भी न कहना अलविदा

भूल जाना शब्द के वो ज़ख़्म
जो हमने दिये
याद रखना वो सुखद
अहसास जो हमने दिये
कोशिशें मेरी रहीं कि
दर्द तेरे मैं सहूँ
पर अगर कुछ धँस गये हों
शूल मेरे हाथ से
मान लेना राह में
गुज़रा है छोटा हादसा
सोच लेना ठोकरें
लग जाती तो हैं पाँव में
हो सके तो रहने देना
हृदय में तस्वीर मेरी
समय की दीवार पर
जो साथ लिक्खे वाक़या
इन फ़िज़ाओं में बचा के
रखना तुम तहरीर मेरी
तुम्हारे साथ वो
बाँटे जो लम्हे
भूल सकता मैं कहाँ
क़ैद कर यादों की बुलबुल
ले जाता हूँ साथ में

एक गुज़ारिश तुमसे कि
तुम भी न कहना
अलविदा!

---

अलीगढ़ से सहारनपुर के लिए स्थानान्तरित होने के बाद अलीगढ़ के मित्रों और अधिकारियों की याद में लिखी गयी रचना।

# क्रान्ति के बीज

क्रान्ति के बीज
यूँ ही नहीं पलते हैं
व्यक्तित्व के आँगन में...

वक़्त की दीवार पर
लिखते-मिटाते
इबारतें
घनीभूत पीड़ा की...
हताशा की नाव पर
पतवार
कड़ी मेहनत की
पार कर बेहिसाब
निराशा का
एक युग
व्यक्ति जब पहुँचता है
सामूहिक चेतना के
धरातल पर...
और जुड़ जाये...
जीवन का ध्येय
लाखों के जीवन से...
और उनकी आँखों का दर्द
जब उफनने लगे
अपनी ही आँखों में

आग की तरह...

किन्तु!
भावना का समन्दर
उमड़-उमड़कर
विचारों की चट्टान से
टकराकर
हो जाये शान्त...

फिर विचारों की सतह से
निकलता है एक सोता
सींचता हुआ समूह को
मथता हुआ
उनके मस्तिष्क को
चकनाचूर करता हुआ
उनके हृदय को...
जैसे उनकी ही बात
उनके ही दिमाग़ के
रंग में डुबो
किसी ने रख दी हो
हूबहू...
उनके ही
समक्ष...

फिर उमड़ता है
कार्यरत भावना का
एक तूफ़ान
ज़ो बदल देता है
वर्तमान और भविष्य
सब कुछ समूल...
तरीक़ा जीने का
सोचने-समझने का

निरस्तीकरण
स्वीकरण का
पूजा और सम्मान का
प्यार-तिरस्कार का
भविष्य-वर्तमान का
फिर अंकुरित होता है
एक क्रान्तिबीज...
...क्रमशः!

# झाँकने लगे हैं नये पत्ते

प्रकृति हमेशा से ही कविता की एक स्वाभाविक अवयव रही है। शायद ही कोई कवि या शायर हो जो किन्हीं न किन्हीं रूपों में प्रकृति के उपमानों या अवयवों का प्रयोग न करता हो। मेरी कविताओं में प्रकृति अक्सर मानवीय मनोभावों के रूपान्तरित अभिव्यक्ति के रूप में आयी है, जिसे 'मानवीकरण' से थोड़ा पृथक् कहना पड़ेगा। जैसे कभी मन में बेचैनी होती तो बाहर बाढ़ आती है और धूह ढह जाते हैं। 'झाँकने लगे हैं नये पत्ते' खण्ड में विशेष रूप से ऐसी ही कविताएँ हैं किन्तु प्रकृति प्रत्येक खण्ड की कविताओं में किसी न किसी रूप में झाँक ही जाती है।

## ओ क्षिप्रिके!

स्रोत उद्गम का नहीं
बदलती है तीव्र धार
कभी वनखण्ड में
लुप्त होती
कभी मैदान के
अंक में सोती।

न स्पृश्यता का भाव
न वरण का अधिकार
निर्झरिनी कोई मिल जाये
दामन में भर लेती।

ओ क्षिप्रिके!
पथिका तू
छोटे जीवन की–
उद्देश्य रहित
शापित यौवन की।

हर जलराशि
चाहती मिलना
सागर में आकर
पर तेरा
अपूर्ण संचरण
बिन माँगे

अगणित आलिंगन
त्रास तुम्हारे जीवन का
पथिके! मैंने जाना।
एक बार
निकली जो मग से
बहती जाती
विवश व अभिशप्त।

काश! मैं शिव होता!
बाँध लेता तुम्हारे
उन्मत्त प्रवाह को
अपनी जटा के
महापाश में–
नि:शब्द।

## बाढ़ ज़रूरी है

बाढ़ फिर आयी
किनारे के धूह सब
बहाकर ले गयी
मन में
हलचल-सा
छाया रहा
विस्मृति के नेपथ्य
से उफनती हैं
स्मृतियाँ
करती हुई दोषारोप

काश! मैं कर पाता
सृजित
एक प्रलय–
रच पाता
एक सर्वव्यापी
विध्वंस–
जिससे फूट जाते
सृष्टि के नये आयाम
स्वयमेव।

बाढ़ गुज़रती है–
बह जाते हैं
सूखे फूँस

और काँसें
कोंपल निकल आते हैं
झुरमुटों में
उग आती हैं
हरी घासें–

मस्तिष्क की
शिराओं में
दौड़ता रक्तप्रवाह
कहता है–
बाढ़ ज़रूरी है
नदी के स्वास्थ्य के लिए
पर
प्रलय क्यों नहीं आता–
एक व्यापक
बदलाव के लिए?
प्रलय क्यों नहीं आऽताऽऽ...?

## सावन

झर-झर झरता
मेघ से सावन
धरती गाती
मधुमय गान...
आम के पेड़
पड़ा हिंडोल
झूलता हृदय
कभी इस छोर
कभी उस छोर।

कनखियों की
राह से
घुसपैठ पिया ने
कर लिया
झीना-सा पर्दा
पार कर
पहुँचा
मन के द्वार पर
हलचल-सी मच गयी
कभी कर शोर
कभी बिन शोर।

झमझम
झमझम

बारिश की धुन
आग लगाये है
मन में
सावन की मैं
प्रथा निभाऊँ या
दग्ध हृदय की व्यथा भरूँ
आँख मीच
सुलगूँ मैं मन में
या नाचूँ बन मोर।
कभी इस ओर
कभी उस ओर।

घर की कड़ियाँ
भीग रही हैं
सावन अपनी
ज़िद में चूर
एक तरफ़ है
छत की टपकन
दूजा मिलन को
दिल मजबूर
प्रिय आया था
पिछले सावन
जब गाये थे
राग मल्हार
प्रतीक्षा में मन
व्यथित हो घूमे
कभी इस ओर
कभी उस ओर।

## हाँ, मैं सूर्य हूँ!

हाँ, मैं सूर्य हूँ!
अजस्र ऊर्जा का स्वामी!
तपता रहा वर्षों
चिनगारियों के शोध-तप में
सूक्ष्म अणुओं को
संलयित कर
रचा है मैंने
शक्ति का आगार
जिससे होता ही रहता
अविरल
ऊर्जा का प्रवाह
विश्व को कर
प्रदीप्त
ख़ुद चमकता हूँ
रश्मियों के शोध-तप में
यदि जल गया भी तो क्या।
प्रत्यक्ष-प्रकारान्तर
जो भी है मेरा
दिये फिरता हूँ
जग को
स्वाहा कर
निजी लिप्सा
मापता मैं

नियुक्त मैंने कर दिया
चाँद को अपनी जगह
प्रेमियो तुम भी ज़रा-सा
अब मचल लो
प्रतिबद्ध समर्पण है मेरा
अविनाश हूँ मैं
कल उगूँगा
फिर उसी उत्साह से
आज शाम
यदि ढल गया भी तो क्या!

## नये पत्ते

बियाबान बाग़ है
सूने पड़े हैं ऊँचे वृक्ष
उनकी डालें और टहनियाँ
ज़मीन पर पड़ी है
पत्तियों की मोटी परत
हवा के झोंके
खड़खड़ाते
सूखे पत्तों को उठाते
पटक देते दूसरी जगह
आवाज़ की झिड़झिड़ाहट
करती घनीभूत
पतझड़ की नीयत।

झुरमुटों के बीच
सूखी पत्तियों की आग़ोश में
लिपटी
अकेली क़ब्र बोसीदा
इन्तज़ार में बैठी
किसी की राह देखती
सिर धुनती...
"मेरा भी तो हक़ था
फूलों पर
चराग़ों पर

फ़ातिहा न सही
पर बेशक कुछ
पदचापों पर...
मैंने तो कोई भेद
नहीं जाना
अपने और पराये में
फिर उपेक्षा की
अनवरत पीड़ा ही
क्यों है मेरे हिस्से में।"

सूखे पेड़ों की एकरसता को खण्डित करते
हरे दिखते हैं
कुछ मूँज की खड़ी काँसें
कैक्टस ओक और भड़भाड़...
तंग झाड़ों के बीच से
निकलती एक पगडण्डी
सरकती हुई चलती हैं
काली भूरी सफ़ेद धब्बोंवाली
कुछ बकरियाँ...
गाँव को उम्मीद है
पगडण्डी बन जायेगी
शीघ्र ही
उसके भविष्य का राजपथ।

फरवरी की शुरुआत
और यह बारिश...
तेज़ हवा के झोंके...
किन्तु...
हटा रही गिरी हुई पत्तियाँ
हवा की गति अब सहज मन्द है
पेड़ों की शाख़ों में

झाँकने लगे हैं
नये पत्ते...
छोटे पौधों पर
आने लगे कोंपल
बाग़ में बढ़ने लगे हैं
बकरियों के झुण्ड।
आज क़ब्र पर
कोई आया है...
कुछ फूल और हरे पत्ते लेकर...
हटा रहा सूखी पत्तियाँ
और क़ब्र की दरारों से हरी घासें...
बना रहा प्रार्थना की मुद्रा।
किन्तु गाँव के...
भविष्य का राजपथ ???

# प्रेम के अभिप्राय सारे

*प्रेम ऐसा तत्त्व है जो मानव जीवन की आत्मा है, और मुझे लगता है कि मेरी कविताओं की भी आत्मा 'प्रेम' ही है। प्रेम जब मूल्य हो, आदर्श हो, अनन्य हो तो ऐसे प्रतिबद्ध प्रेम में सौन्दर्य अपने आप ही आ जाता है। इस खण्ड की कविताओं में भाव जिस भी रूप में मन में आये, सीधे एक एसोसिएशन में गुँथकर सामने आ गये हैं। शेष आपके ऊपर छोड़ता हूँ...*

# गिलहरी

गिलहरी
दबे पाँव आती है
मेरे बच्चे की
गर्म और मुलायम मोज़े
चुराकर ले जाती है
खिड़की के
सलाख़ों के पीछे
छिपाकर
इकट्ठा करती है
कुछ कपास और ऊन
एक छोटा-सा
नरम और मज़ेदार
बिस्तर बनाती है
फिर जनती है
अपने बच्चे...
नवजात शिशु को
ठण्ड से
बचाने के लिए
तिनके-तिनके जुटाती है
माँ करती है यत्न!

# मेरी कविता

मेरी कविता
अनुभूति की घाटी में
धीरे से फुसफुसायी हुई
एक आत्मीय आवाज़ है
जो शुरू होती है
प्रिया के ओष्ठ से
और ख़त्म होती है
नदी के अंक में

एक बूँद गिरती है
मन के पर्दे पर
समन्दर में
उफान आता है
तनाव मथ रहा जो सीने में
एक बेढब आकार पाता है

हर सान्निध्य में
प्रणय के बिम्ब बनाता हूँ
हर दुराव में
विरह-सा बिखर जाता हूँ

एक प्रगतिवादी आलोचक कहेगा
कितनी छोटी है यह सोच
कितना छोटा है

अनुभवकोश
जो भी है
अपना है
सच्चा है।

## कैसे कह दूँ?

कैसे कह दूँ?
कि मैं तुम्हें प्यार करता हूँ

मैंने तुम्हें देखा है
किसी की बाँहों में...
किसी की साँसों में
तुम्हारी गर्म साँसों को
मिलते देखा है

फिर भी अक्सर
मेरे मन में आया है
तुम्हारे नर्म रुख़सारों पर
अपने तपते होंठों से
एक छन्द लिख दूँ
तुम्हारी खुली हुई बिन्दास
वनखण्डी-सी आँखों में
थोड़ा-सा शर्म भर दूँ
तुम्हारे गुलाबी सूने ललाट पर
एक रक्त-सिफ़र धर दूँ

मैं जानता हूँ
तुम ख़ूबसूरत हो
कदाचित् मेरी ज़रूरत हो

पर अपनी ज़रूरत को
प्यार के ऊपर कैसे मढ़ दूँ!

कैसे कह दूँ?
कि मैं तुम्हें प्यार करता हूँ।

---

1999 में एटीआई, नैनीताल में प्रवास के दौरान लिखी गयी कविता।

# रत्न मैले नहीं होते

मैं जानता हूँ
रत्न मैले नहीं होते
पंकाविष्ट होकर भी
उनकी अमोघ पारदर्शिता
नहीं होती खण्डित।

फिर भी न जाने क्यों
बार-बार एक ही बात
सिहरा जाती है अन्तरतम को
क्यों याद आते हैं मुझे
पावस के वो मासूम दिन
जब लिपट-लिपट जाते थे
हम और तुम परस्पर

ना जाने क्यों एक ही बात
भेद जाती है अन्तरतम को
क्यों मुझे याद आते हैं
बरसात की विस्तारित झील में
विचरते सारस युग्म
जिन्हें देख हमने
नि:शेष चाहत की
क़सम खायी थी

## मैं अब भी वहीं हूँ

प्रिय तुम्हारी राह में
आँखें बिछाये
मैं अब भी वहीं हूँ।

पन्थ जिसको छोड़
तुम आगे गये थे
लौटकर आने की
बस एक आस देकर
प्रेम का संकल्प और
मन को वह विश्वास देकर
लौटकर आने की फिर तुम
चाह दुहराते गये थे
प्रिय! तुम्हारी चाह में
मन को समझाये
अभी भी मैं वहीं हूँ।

याद है आँखों से पहले
अपने मन का राज़
जब तुमने कहा था
और उस जामुन के नीचे
प्रेम का अहसास जो तुमने भरा था
आज उस अहसास को
दिल से लगाये
प्रिय! अभी भी मैं वहीं हूँ।

और उस रथ की बग़ल में
हाथ का हाथों में लेना
सबकी नज़रों से छुपाके
मुझको वह मुस्कान देना
स्निग्ध उस मुस्कान को
होंठों से लगाये
प्रिय! अभी भी मैं वहीं हूँ।

याद है तुमने कहा था...
"प्रेम की बरसात करती
भीग जाती संग मैं भी
चीख़ मैं दुनिया से कहती
तुम मेरे हो..."
और तुमने रेत पर
फिर दिल बनाये
आज उस सागर किनारे
रेत पर आँखें लगाये
प्रिय! अभी भी मैं वहीं हूँ।

शिशिर की सन्ध्या तले
मदिर गति उस नाव में
नदी का नीर ले हाथों में
तुमने यह कहा था...
"प्रेम के अनुबन्ध को तुम
भूल मत जाने देना...
दूर न जाना कभी
प्राण दे दूँगी
तुम्हारी राह में..."
प्रिय तुम्हारे वचन से आबद्ध
मैं अब भी वहीं हूँ।

और उन नयनों को जिनको
सिर्फ़ हमने ही पढ़ा था
जिनमें बस सान्निध्य की
एक इच्छा-सी बसी थी
आह! इक स्पर्श ख़ातिर
दंश जो तुमने सहे
शूल की उस चुभन को
मन में छुपाये
प्रिय! अभी भी मैं वहीं हूँ।

मेरे एकाकीपन में
राग जो तुमने बसाये
अपनी ऊष्मा को लगाकर
आग जो तुमने जलाये
मेरे भी भीतर कुछ है
भाव जो तुमने जगाये
प्रिय! तुम्हारी कृतज्ञता का भार
लेकर
तुम्हारी यादों को सजाये
अभी भी मैं वहीं हूँ।

लोग कुछ कहते ही होंगे
ताने भी कसते ही होंगे
मैं तुम्हारी आत्मा का
साक्ष्य शायद बन सकूँ
पर अलग तुमसे कहाँ
प्रतिवाद कैसे कर सकूँ
यूँ तो रत्न मैले कभी
होते नहीं अवसाद से
पर कहाँ बच पाते हैं
हीरे कभी विवाद से?

अपनी आँखों में तुम्हारी
पवित्रता की आँच लेकर
प्रिय! तुम्हारी आग में अब भी जला हूँ।

जब तुम्हें ऐसा लगे
आँख ज्यों झुकती दिखे
सोचना कि
प्यार का सम्मान लेकर
है कोई आगे खड़ा
तुम्हारा मन हो जब
चले आना
द्वार पर मैं दीप धरकर
प्रिय! तुम्हारे मान में
अब भी
खड़ा हूँ।

## क्या लिखूँ

**1.**

इबादत से हुआ हादसा
उस हादसे का क्या लिखूँ
बूँद इक बन रहा समन्दर था
डूब जाने का असर बाक़ी है!

**2.**

कहीं तकलीफ़ न हो जाये
तुम्हें मेरी दुआओं से
बहुत सोचा विचारा
और ये जोखिम उठाया है!

# तुम्हारे शोध में प्रतिबद्ध

विस्मृत ही नहीं होती
निविड़ अन्धकार की वह रात–
लुप्त हो रही थी
पहचान–
खो रही थी
थिरकन हवा–
नदी भी थी
प्रतीक्षा में थिर–
और मैंने
तुम्हारे पत्र सब
नदी में बहाये थे।

कोई चीर के
ले जा रहा था
आत्मा की साँसें–
और मैंने ज़िन्दगी से
सायास–
तुमसे जुड़े
सारे चिह्न तब मिटाये थे।

मुझे क्या पता था
कि–
तुम्हारे सारे चिह्न
हो जायेंगे उत्कीर्ण

मेरी आत्मा पर
एक शिलालेख की तरह
और करते रहेंगे विवश–
चलने को सर्वदा
और भी दुरूह पथ पर।

तुम्हारे शोध में
प्रतिबद्ध–
बढ़ता ही जाता हूँ–
अविस्मृत चिह्नों की
पुनर्रचना में–
असंख्य आँखों में
भर देने को
आत्मा का नीर–
और पाने को
असंख्य दर्दों में
अपना निजीपन!

## दिल का वास्ता हो

जब साथ लम्बा रास्ता हो
और दिल का वास्ता हो
कहीं न कहीं कोई न कोई
बदगुमानी आ ही जाती है...

## क्या कहूँ

प्यार के सातों
रंग का
उपहार तो तुमने दिया
हर घड़ी
मन में मचलती
भाव का
उफान भी तुमने दिया
डूब जाने को मैं
आतुर जब हुआ
दूरियों का
निस्सीम
पठार भी तुमने दिया!
और अब
कहते हो तुम–
"यही सच है"
कैसे रहूँ?

सा रे गा मा
गुनगुनाना
एक-एक
सुर को निभाना
मधुर स्वर तेरे
कान में हर पल

शहद-सा घोलते
समतल
ज़िन्दगी
जब बन गयी संगीत थी
भैरवी का राग तब
तुमने चुना!
कैसे सहूँ?

जब हम
प्रतिज्ञा में बँधे
सात समन्दर पार तक
तैयार थे
अनुबन्ध तो था
बस तुम्हारा
और मेरा
पटल के शेष सब
किरदार थे–
दो क़दम पर
पाँव का यूँ ठिठकना
हाथ से
अपना दुपट्टा
झिटकना
हमसफ़र
तुमको ही जब
चलना न था
किसी से
क्या कहूँ?

वह कसक
दिल की तुम्हारे
पढ़ रहा हूँ मैं

बात होंठों पर
जो आकर रह गयी
सुन रहा हूँ मैं
ज़िन्दगी जब
सौंप दी तुमको, प्रिये!
फिर तुम्हारी
हर सदा स्वीकार है
जब
मृत्यु शय्या पर रहूँ
अनुभूति के
क्षण में गहन
तुमको पुकारूँ
तब रहो तुम
दृष्टि के
आसपास
बस!
यह कहूँ!

## दीवार गिरी हो जैसे

करके आँखों से
इशारा उसने
कर लीं बातें
हज़ार सारी
क़दम बेबात
रुक गये यूँ ही
आज हम रात
रुक गये यूँ ही
पैरों में
बेमिसाल कोई
ज़ंजीर पड़ी हो जैसे।

हवा ने की थी
रहनुमाई भी
गीत ख़ामोशी के
हमने गुनगुनाये भी
ख़ुशबू प्यार की
पसरी थी मकाँ के ऊपर
इत्र गुलाब का
बिखर के पड़ा हो जैसे।

नज़रों को
लगा के चेहरे पे
चूमा था

लबों को उसने
आहिस्ता-आहिस्ता
दीवार गिरी हो जैसे।
दिन भर
चर्चा रही चौराहे पर
हम मशहूर
हो गये पल में
लोगों की
ज़ुबाँ पर नाम था
मेरा, मेरी अलामत का
रातों-रात
मीनार खड़ी हो जैसे।

उसने आकर
मुझे छुआ ऐसे
छाया आँखों में
कुछ धुआँ जैसे
आँख से अटकी हुई
दो बूँदों ने
लबों को चूम फिर
कहा जैसे
याद रखना मुझे!
अब अलविदा!

फिर किसी चट्टान में
दरार पड़ी हो जैसे!

## आत्महत्या

कभी कोई केंथ करता
मान बचाने को
या कोई भूल
निगल जाने को हो
उम्र भर का सम्मान
जिसके सामने ज़िन्दगी
पड़ जाती छोटी
विवश आत्मा
करती
आत्महत्या की पुकार

हिटलर ने
झाँककर देखा
गिरेबान में
अन्ततोगत्वा
विश्वास हुआ
साम्राज्य के अन्त का
विचारधारा
आप ही करने लगी
उपहास
छाया होगा भय
जनता से
घसीटे जाने का

अहंकारी व्यक्तित्व ने
मृत्यु को चुना।

जब महसूस
किया
अक्षम दायित्व
पिता
लाचारी
दुनियादारी और
मुहब्बत की जंग में
देख नहीं पाया
हारते पितृत्व को
किंकर्तव्यविमूढ़ हो
हार बैठा
जीवन।

प्रिया के प्रति
समर्पित
एक प्रेमी
कर न सका
जीवन की कल्पना
प्रेयसी के बिना
प्रेम नैराश्य
से अभिभूत
जीवन को निरुद्देश्य
घोषित कर
वरण किया
मृत्यु का।

यह प्यार का
अतिरेक है
या पराकाष्ठा

विश्वास की
समाज की वर्जना से
होकर निराश
जब
कहती है प्रेमिका
विवश होकर
प्राण से
अब कभी
बात मत करना मुझसे
मिलने को कभी
आये अगर...
आत्महत्या
मैं वरूँगी।

आत्महत्या!
सघन मानसिक यन्त्रणा
विवशता या
भावातिरेक की निष्पत्ति!
एक
ध्यानाकर्षण और
संवेद जागरण
का उत्कृष्ट डिवाइस
या
उच्चादर्श
नैतिक प्रतिमान
के आकांक्षी
अक्षम व्यक्ति की
निराश अभिव्यक्ति!

मूल्यों के प्रति
प्रतिबद्ध

एक उच्च मानवीय
आग्रह
या
खण्डित व्यक्तित्व के
छद्म की
अन्तिम परिणति!

## मुस्करा देता हूँ

जब
कोई ख़ूबसूरत
रमणी
मुस्कराती हुई
पास आती है
आँखों में डाल आँखें
पारेषित करती
प्यार की तरंगें
मन में
उभरने लगते
अनुराग
सोचता हूँ
अरसे से जिन्हें
दबा के रखा था
सत्ता बदलते ही
उभरने की
कोशिश तो नहीं कर रही
वो वासना।

तुम्हारा उत्कट
विश्वास और समर्पण
तुम्हारे प्यार के
घनीभूत पल

विवश करते
तुम पर मर मिटने को
किन्तु मस्तिष्क
करने लगता जाँच
कहीं कोई
रसायन या हार्मोन
कर तो नहीं रहा
किसी विक्षोभ का
शिकार।

बिस्किट भी
उठाता हूँ
खाने के पहले
करता हूँ स्क्रीनिंग
कैलोरी का
आकलन करता हूँ
वशा व प्रोटीन का
फिर तोड़ता हूँ
छोटा-सा टुकड़ा
सलीक़े से।

रचता हूँ
फैंटेसी
उतारता हूँ
कविता
बार-बार करता हूँ
परीक्षण
कहीं तथ्य
और बयान
एकपक्षीय तो नहीं
विश्लेषण सभी

पक्षों का
कर तो लिया गया
एसोसिएशन और
फ़ॉर्म में
देखता हूँ सन्तुलन
पारदर्शिता और
निष्पक्षता पर
कहीं कोई आँच तो नहीं
फिर ध्यान आता
अपीलें तो होतीं नहीं
कविता की...
और फिर मिटा देता हूँ।

लोग कहते हैं
परिपक्व हो गया हूँ
मैं मुस्करा देता हूँ!

# ख़ुद्दार है मेरा प्यार

सच है, प्रिये!
मन ने
तुम्हारे दिल पर
दिया था दस्तक
अनायास
जब मिली थी
दृष्टि आँखों से
प्रथम दिन
बढ़ते गये अज्ञात में
स्निध पदरव
सफ़र था अन्तहीन
गन्तव्य की चिन्ता नहीं
कृतज्ञ हूँ
उस एक पल का
स्मरण करता
जिसे मैं
निष्पलक।

गुज़ारी है
हमने ज़िन्दगी
जद्दोजहद में
कुछ मूल्यों की
स्थापना में

कुछ स्वयं के
रोज़ गुज़रता हूँ
जटिल स्क्रीनिंग से
एक नयी परीक्षा से
ख़ुद को
प्रमाणित करने के लिए
बहुत-से
बनाये कीर्तिमान
हमेशा हारा
वो इम्तेहान
जो बन सकते थे
राजपथ
मेरे जीवन के
परीक्षा बन गयी है
ज़िन्दगी
किन्तु परीक्षा दूँ
तुम्हारे प्यार की
यह असम्भव
ही रहा
मेरे लिए।

सम्भव है
करूँ अनुबन्ध
सारे लाभप्रद
रखूँ अलग
जज़्बात भी
बाज़ार में
पर नहीं स्वीकार
खेलूँ गणित तुमसे
प्रेम तो अनुबन्ध है
आज़ाद मन का

खड़े किये स्तम्भ
प्रतिबन्धों के तुमने
आत्मा का वरण करूँ
या वरूँ प्रेम की राह
अहंवादी मैं नहीं
और न
अभिव्यक्ति मेरी
स्वाभिमानी राह का
राही है मेरा प्यार।

# अन्दाज़ बिखरे-बिखरे

**1.**

नाज़ुक परिन्दा
लौट के आता है
शाख़ों पर
यक़ीन का बनता है
ऐसा राब्ता
दरख़्तों की ख़ुशी का
इस तरह
नायाब चलता सिलसिला।

**2.**

शायरों ने समन्दर को
बेकिराया ले लिया
मथ रहे उफान का
दर्द ज़ाहिर कर दिया
समन्दर की
मर्ज़ी है क्या
ये भी ना पूछा कभी।

**3.**

तूफ़ाँ में कश्ती को
बचाया कैसे

जानता है माँझी ही
जद्दोजहद वो ज़िन्दगी का
क्या समझे
प्यार के दरबे से
जो बाहर न निकला हो।

**4.**

सूरत तो मेरी
अच्छी न थी
पर उन्हें फ़ीलिंग
हमारी भा गयी
प्यार में दुश्वारियों का
क्या कहना
इश्क़ में भी
इख़्तियारी आ गयी।

**5.**

काश!
उन्हें आता
चीज़ों को
सही खाने में रखना
न उनको दर्द होता
और न हम होते जुदा।

## कश्ती में बशर्ते तुम रहो

निकाल सकता हूँ
चुभ गये यदि
काँटे तुम्हारे पाँव में
चल सकता हूँ
नग्न पद
मीलों तुम्हारी राह में
दो क़दम
बशर्ते तुम चलो।

हाथ दिया
हाथ में जब
अब खींच न लेना कभी
ज़िन्दगी में आस थी
इक तेरे आने की बस
हर पक्ष रूखा
ज़िन्दगी का
सींच देना प्यार से
तलहटी में प्यार की
गहरे उतर सकता हूँ मैं...
सीढ़ियाँ...
दो साथ में
तुम भी चढ़ो।

रचने की

शपथ है...
एक दुनिया दिलेरी की
तितलियाँ मचलें जहाँ
गिलहरियाँ इठलायें
खुले गगन में
पंछी-झुण्ड
प्यार के गीत सुनाये
रुनझुन कल-कल
निर्झर गिरकर
शाश्वत प्रेम जगाये
और पपीहे की तरह
तुमको पुकारूँ
स्वाति की मगर
दो बूँद
बशर्ते तुम बनो।

इतिहास में हो दर्ज
कोलाज ऐसा मैं गढ़ूँ
प्रेम के अभिप्राय सारे
रख गिनूँ एक तूलिका पर
रत्न की पच्ची करूँ
वफ़ा के
संगमरमर की सतह पर
हीरे जड़ूँ
प्रतिबद्धता के
प्यार के कैनवास पर
विश्वास के
मोती दो
बशर्ते तुम जड़ो।

ग़ज़लें लिखूँ

प्यार में लिपटे हुए
जज़्बात की
उनवान लिखूँ
मुस्कान के
तुम्हारे रेशमी
कुर्ते की सलवट
और साँसों का ठहरना
ख़ुदकुशी...
झील-सी आँखों में तेरी
और पिघलना जिस्म का
तुम्हारे प्यार में
मर जाने की ख़्वाहिश
दो हर्फ़
बशर्ते तुम पढ़ो।

ज़िन्दगी
जद्दोजहद का नाम है
उगता है सुबह
आशा का सूरज
डूब जाता है
शिथिल हो शाम में
मैं फ़तह कर सकता हूँ
झंझावातों का सफ़र
संग कश्ती में
बशर्ते तुम रहो।

## उसे है मेरा इन्तज़ार

अभी भी
उसे मेरा इन्तज़ार है

काँच के दीवारों के पीछे
अभी भी उसकी आहट
उसके बालों की सरसराहट
कराती है मुझे एहसास...

अभी भी बसती है
उसके दिल में
एक तस्वीर
जो मेरी प्रतिकृति है
शीशे के सामने देख
वह खो जाती है
मुस्कुराती है
स्मृति की झील में
डूबती है
और बह जाती है।

उसके नर्म
एहसासों की गर्मी
ज़िन्दा रखती है
उसे
मुझमें

## सदा के लिए

उसके साथ
बीती हुई एक घड़ी
मुक़ाबला करती है
उसके बिना
बीते हुए समूचे जीवन से।

## संशय का नहीं अवकाश

याद है वह दिन
भ्रम हुआ जब एक बार
मैंने कहा फिर एक दिन
यदि तुम्हें हो प्यार
अगले शनिवार...
गली के मोड़ पर
बाँध देना पीत वस्त्र
बेर के उस पेड़ पर
देखकर संकेत समर्पण
ठहर जाऊँगा वहाँ
निकल जाऊँगा अन्यथा
दूर जीवन से तेरे...

नियति का दुष्चक्र ऐसा
व्यतीत हुए
दसियों शनिचर
और फिर...नैराश्य में
गुज़रा महीनों बाद मैं
मन में एक तूफ़ान लेकर
पहुँचा निकट उस वृक्ष के...
अहा!
क्या दृष्टिभ्रम...
समूचा वृक्ष

पीले वस्त्र से आवृत था।

अपने लाघवबोध में
पहुँचा उसके द्वार पर
आमने-सामने हम खड़े
देखते निष्पलक...
नयनों के झरते निर्झर
पर मूक स्वर...
बढ़ती धड़कन
रुकती साँसें
और फिर...
दृढ़पाश!

जब भी अकेला होता हूँ
पाता हूँ उस वृक्ष तले
डूब जाता हूँ
उसके प्यार के आवेग में
और उसकी मनोकृति
भर लेती है बाँहों में...
और फिर...
दृढ़पाश!
अब किसी...
संशय का नहीं अवकाश!!

# यादों का अनुक्रम रहने दो

दूर तुम गये तो क्या
न जाओ ज़िन्दगी से अभी
थोड़ा भ्रम रहने दो
तुम्हारी तरफ़ से नहीं
मेरी तरफ़ से सही
यादों का क्रम रहने दो।

शपथ तो प्यार का तुमने
लिया था बेशर्त ज़िद में
अवश्य समर्पण मेरी
एक अनुक्रिया थी
अब जा रहे हो यूँ
बेसाख़्ता छोड़कर मुझको
मेरी जज़्बातों का वही
अनुक्रम रहने दो।
तुम्हारी तरफ़ से नहीं
मेरी तरफ़ से सही
यादों का क्रम रहने दो।

आँखों में लेकर
दो आँसू
चक्रवात ले भावों में
बाँहों में ले मिलन

की ख़्वाहिश
वक्ष पर आकर
टिक जाना
आग़ोश में आकर
घुल जाने की
मन में अपनी चाह, प्रिये
हरदम रहने दो।
तुम्हारी तरफ़ से नहीं
मेरी तरफ़ से सही
यादों का क्रम रहने दो।

चुपके-चुपके डूबे रहना
तस्वीरों के संग्रह में
पत्रों के शीर्षक लिखना
और फाड़ना फिर उनको
ख़यालों में खोये रहना यूँ
घड़ियाँ बीतें एक पल में
साँसों की बढ़ती-सी गति में
चाह आलिंगन की
प्रियतम के
अब तो गाओ
सात सुरों का
सरगम मेरे साथ, प्रिये
मन से अपने दुनिया की
दीवार ज़रा ढहने दो।
तुम्हारी तरफ़ से नहीं
मेरी तरफ़ से सही
यादों का क्रम रहने दो।

बिन तेरे
यूँ रहा अधूरा

हरदम ही मैं
कसक रही
मन के भीतर ही
अभिव्यक्त नहीं
होने दी तुमको
अब स्वीकार है
चाह में तेरी
निर्जन में
मैं तड़पा हूँ
स्मृति तेरी विह्वल करती
और बुलाती क्षितिज के पार
अपनी स्मृति की पीड़ा तुम
हृदय में अब सहने दो।
तुम्हारी तरफ़ से नहीं
मेरी तरफ़ से सही
यादों का
अनुक्रम रहने दो।

# नहीं लिखूँगा

नहीं लिखूँगा
कि तुम्हारी आँखों की
कशिश में
क़ैद हो गया हूँ
सदा के लिए
या कि
तुम्हारी बातों की
माधुरी
कानों में
रस घोलती है
अब भी
मालकौश की
तरह।

नहीं लिखूँगा
कि तुम्हारे
अकेले में गुनगुनाये गये
गीतों को
याद कर रखा है
गायत्री मन्त्र की तरह
और बन गया है
अभिन्न हिस्सा
मेरी अस्मिता का।

कभी दूर न जाने की
तुम्हारी सौगन्ध को भी
बाँधे क्यों रहूँ
मैं लिखूँगा
तुम उस पवन की तरह हो
जो मुझे स्पर्श कर
घेरे रहा वर्षों से
और मेरी आँखों को
मेरे हर रोम को
शीतल कर
निकल गया मुझसे परे।

अब नहीं लिखूँगा
कि तुम मेरी
प्रतीक्षा में रत रहो
जन्म-जन्मान्तर के लिए
अपितु लिखूँगा
तुम्हारी बेख़ुदी भी
एक विवशता थी
और सँजोकर मत रखना
हमारी मधुसिक्त स्मृतियों को...
उनकी जगह रखना
अपने मस्तिष्क की
उर्वर तर्क पद्धति
एक शीतल
और बौद्धिक अनुक्रिया।

## जीवनसंगिनी

(पत्नी के जन्मदिन पर)

रूठ जातीं ग़र कभी तुम
सब कुछ बेगाना लगता है
तनिक-सा गुमसुम होती हो
बेरंग ज़माना लगता है।
जैसे हरा-भरा तुम करतीं
जीवन की दुश्वारी को
हर दिक़्क़त पर भारी तेरा
एक मुस्काना लगता है।
सब कुछ देखा बदला हमने
और बदलती क़ुदरत भी
किन्तु समर्पण स्थिर तेरा
बेहद निराला लगता है।
अरमानों की स्याही से
दिल की बातें लिखता हूँ
बाक़ी का तो कहना-सुनना
सिर्फ़ फ़साना लगता है।

# गुनगुनी धूप है, चलो घास पर बैठें

गुनगुनी धूप है
चलो घास पर बैठें

काम का बोझ तो है
तुम पर भी
और मुझ पर भी
फिर तो काम के ही
हो गये हम-तुम
आ जाओ कुछ
क़रीब ज़रा
अपने आप को
देखो मुझमें
और हम तुम्हें देखें।

हम तो भूल ही गये
कूकती है कोयल भी
घास के नोकों पर
खेलती है शबनम भी
चमन से चुनकर
एक गुलाब
तुमसे यह कहना...
बन्द आँखें करो
तेरे लिए
कुछ लाया हूँ...

इसके पहले कोई सन्देश आये
कोई वजह दूर ले जाये
जी भर के देख लो मुझको
और हम तुम्हें देखें।

आज मौसम भी
ख़ुशनुमा-सा है
हवा भी आज कुछ
मन्द कुछ जवाँ-सी है
फुदक-फुदक के आज
पंछियों ने कह दिया
हमारे साथ ग़र
जिया नहीं तो क्या जिया
इसके पहले कहीं
बादल न उड़ के आ जायें
गुनगुनी धूप को
हमसे न दूर ले जायें
चुरा लें हम भी आज
ज़िन्दगी से पल ज़रा
सन्दली-सी घास है
बहार रंग से भरा।
देर न अब करो
आओ ज़रा चलो बैठें।

गुनगुनी धूप है
चलो घास पर बैठें।।

## प्रेमपत्र

**1.**

विश्वयुद्ध...
नाज़ी कंसंट्रेशन कैम्प में
दी जा रही यातना
गूँजती रही आवाज़
नि:शब्द रातों में
काठ के घोड़े पर
बैठाकर निर्वस्त्र
लगाये जा रहे कोड़े
पूरी ताक़त से
बहते हुए रक्त से
मिल रहे अश्रुबिन्दु
कराह-कराहकर
दम तोड़ती है
एक निरीह आत्मा।
और
सुनसान रात के
अँधेरे बन्द कमरे में
मोमबत्ती जलाये
एक युवक
लिखता रहा
प्रेमपत्र।

फ़्रांस की खानों में
लगाये जाते रहे
किशोर दास
जकड़े हुए हाथ व पाँव
ज़ंजीरों में
बनाये जा रहे
युवा ग्लैडिएटर
लड़ाये जा रहे
निर्वसन
एक-दूसरे के विरुद्ध
हिंस्र पशु की तरह
करके विवश
एक तहख़ाने में
ख़ूबसूरत स्त्री
वारीनिया
की जाती रही लहूलुहान
केश मुख व वक्ष
मिट्टी से भरे हुए
किसी पेड़ के पत्ते पर
स्पार्टकस को
लिखा होगा प्रेमपत्र।

**2.**

वक़्त बदलेगा
कारख़ाना खुलेगा
प्रवेश करेंगे
हज़ारों मज़दूर
प्रबन्धक और अभियन्ता
धड़धड़, खट-खट, क्रींग-क्रींग
चलेंगी मशीनें

उद्योगपति का कारिन्दा आयेगा
करेगा सब की ताकीद
डाकिया आयेगा
एक लिफ़ाफ़ा थमायेगा
चुपके-चुपके...
पढ़ा जायेगा प्रेमपत्र।

प्रलय आयेगा
सब कुछ बहाकर ले जायेगा
गाँव बाज़ार और सामान
धर्म-ग्रन्थ क़ानून की किताब
और दस्तावेज़ ज़मीनों के
ध्वस्त हो जायेंगे
मन्दिर मस्जिद और देवालय
ख़त्म हो जायेगी संरचना
अधूरा रह जायेगा
प्रेमपत्र।

दूर-दूर तक
फैला होगा आकाश
विस्तृत जलपटल पर
पसरी होगी
एक निस्पृह शान्ति
जलतरंग के भीतर
होगी मद्धिम-सी हलचल
मछलियाँ सँजोकर रखेंगी
तुम्हारा प्रेमपत्र।

सुबह की पहली किरण से
चमकेंगे हरे पत्ते
कोयल कूकेगी
हाथी सूँड़ उठायेगा

पक्षी क़रीब आयेंगे
दो प्राण कसमसायेंगे
फिर से लिखा जायेगा
प्रेमपत्र।

# छाये ही क्यों थे?

जब चले ही जाना था
तुम आये ही क्यों थे?
चारों तरफ़ से घेरकर
आच्छादित कर लिया
श्रमिक जन जाने लगे
छोड़कर मैदान निर्जन
धेनु करती संचरण
समूह बँधकर छाँव में
सब हवाएँ मन्द थीं
परिवेश कोमल बन गया
फुदक-फुदक इठला गये
खेतों में बिखरे विहग
कूकने लगीं जब कोयलें
मन कमल-सा खिल गया
मयूर ने फैला दिये अब
पंख खेतों में मगन
तड़प भी प्यास की
बढ़ती गयी जब आस में
सब्र-सीमा तोड़ दी
अब पपीहे ने विवश
जब बरस जाने का हुनर न था

तुम छाये ही क्यों थे?

जब ऐसे ही चले जाना था
आये ही क्यों थे?

## लत तेरी बेहिसाब यादों की लग गयी

सुबह के अन्देशे से
ख़ुद ही यवनिका
कोहरे की
हट गयी।

सूनी पड़ी थी
एहसासों की घाटी जो
आज तेरी यादों की
लाली से पट गयी।

उड़ गयी पहेली
जो आँखों में बसती थी
दिल की मुस्कान अब
नैनों में भर गयी।

चिड़ियों की चहचह
अब गूँजती है कानों में
कशिश अब फूलों की
चेहरे पर सज गयी।

अर्थशास्त्र भूल गया
जीवन की उलझन का
सारी मुसीबतें
जाने किधर गयीं।

बोझ हुईं फाहें
अब दुनियादारी की
लत तेरी बेहिसाब
यादों की लग गयी।

झूमने लगा मन
आज़ाद होकर बच्चा-सा
शाम हुई महमह
और लहलह सुबह हुई।

खेलत्ती मुस्क़ान रही
होंठों पर सारे दिन
रात तेरी यादों में
यूँ ही गुज़र गयी।

# ज़िन्दगी ग़र न चुक गयी होती

उसके जाने की कुछ वजह होगी
यूँ कोई मोहब्बत जुदा नहीं होती।
क़रीब मुझसे कुछ रहा होगा
फ़िक्र जिसकी उसे हुई होगी।
ग़र होती वो बेवफ़ा सच में
दिल में वो सादगी नहीं होती।
आईना दिल का टूट जाता तो
छन्न-सी आवाज़ तो हुई होती।
उसके होने का कोई मतलब था
वरना आँखों में क्यों नमी होती।
शक्ल-ओ-रूह एक जैसा हो
काश! उस जैसी कोई बनी होती।
ढूँढ़ता हूँ मैं एक ज़माने से
भरोसा था कि मिल गयी होती।
मिल तो जाती ही एक दिन आख़िर
ज़िन्दगी गर न चुक गयी होती।

# यादें

जीवन की सारी अच्छी यादें
तेरे संग-संग चलती यादें

आँखों से आँखों का कहना
और होंठ पर हिलती यादें
कभी रात भर जगती आँखें
कभी द्वार को तकती आँखें
कहीं आँख के सूनेपन में
बिना आस के चलती यादें

पायल की रुनझुन-रुनझुन
और ठुमककर क्या चलना
बेटी की किलकारी में
चपल शृंखला जड़ती यादें

कभी विधि के बुने जाल में
विवश मीन-सी घिरती यादें
कहीं साँस के नीरव लय में
गुमसुम-गुमसुम ढलती यादें

कभी पिता की पकड़कर उँगली
झूम-झूमकर बहती यादें
वृद्धा माँ के सख़्त करों से
गालों पर केसर मलती यादें।

कभी प्रिया के आलिंगन में
पूरा विश्व सिमटता है
कभी वक़्त के किसलय पर
ओस-बिन्दु-सी झरती यादें।

यादों के जंगल में खोना
और भटकना भी अच्छा
कभी याद में थकती बातें
कभी फलक पर लिखती यादें।

# तुम ईश्वर क्यों बन गये, राम!

*मनुष्य की क्षमताएँ सीमित हैं किन्तु कल्पनाएँ अनन्त हैं। शायद इसी कारण जब से सृष्टि रची है मनुष्य ने हमेशा अपनी क्षमताओं से परे एक 'शक्ति' की आराधना की; एक 'ईश्वर' जैसी 'अवधारणा' (Concept) को माना और पूजा; अपनी अक्षमताओं, अपूर्णताओं को पूरा करने या कम से कम शान्त या सन्तुष्ट करने का प्रयास किया।*

*एक दिन मैं मथुरा के प्रेमानन्द महाराज से मिला। किसी ने पूछा–"स्वामी जी! अगर किसी मकाम पर कोई रास्ता न दिखे तो आदमी क्या करे?" प्रेमानन्द जी का उत्तर था..."हरि शरणम्!"*

*मेरी कविताओं के 'राम' मानवीय राम हैं और ईश्वर कभी 'क्रूर लीलाधर' लगता है तो कभी उसके द्वारा दिये गये उपहारों से अभिभूत हो आँखें स्वयं उसके सामने झुक जाती हैं।*

*'तुम ईश्वर क्यों बन गये, राम!' खण्ड में ऐसी ही कविताएँ हैं जिनमें पौराणिक चरित्र माध्यम बनकर आये हैं।*

## नतनयन हूँ

ये हवाएँ
ये गगन
और
ये पंख
उड़ने को सतत
तुमने दिये हैं।

मस्तिष्क के
उर्वर पटल पर
भाव की
नव-भंगिमा में
बोधमय अन्तर का यह
यष्टि-सहविन्यास भी
तुमने किया है।

व्यक्ति की
आँतें हैं छोटी
किन्तु
पीड़ा क्यों सघन है?
कक्ष हैं वातानुकूलित
फिर भी
आँखों में जलन है
ऐश्वर्य की प्रतिभूति में

ये विरोधाभास भी
तुमने दिया है।

कब रहा है न्याय
हर निर्दोष के हित में
सुकरात का विषपान
और
सलीब पर ईसा का टँगना
सत्य के उस आग्रही
गांधी का गोली से बिंधना
अश्रुओं से सिक्त है
इतिहास भी
व पृष्ठ रक्त में सने हैं
जा सकती थी प्रतिष्ठा
एक पल में
संयोग ऐसे भी बने हैं
पुत्र नहीं मैं भाग्य का
पर कृतज्ञ हूँ
है कहाँ परिवेश ऐसा
जहाँ पतझड़ नहीं है।

जो दिया है
कम नहीं है
हर घड़ी मुस्कान की भी
क्यों हवस रखूँ मैं मन में
सोचता हूँ
इस जहाँ में
किसकी आँखें नम नहीं हैं?
हे प्रभु!
व्यक्तित्व में
आकर्ष भी तुमने भरा

भूल न तुमको सकूँ
इसलिए
कुछ दर्द भी तुमने चुना
अभिभूत हूँ
उसकी चमक से
उपहार जो तुमने वरा।
भरकर आँखों में प्रभु!
दो बूँद कृतज्ञता की
नतनयन हूँ !!

# निकल आओ, प्रभु! धर्मग्रन्थ से बाहर

ग्रन्थों में पढ़ा है
क़ुरान में
सर्वशक्तिमान
सर्वस्रष्टा
सर्वदयावान
कठोर दण्डाधिकारी
श्रुति में
विश्वदेव!
मुख से ब्रह्म
वैश्य उदर से
बाहु से राजन्य
तुमने उपजाया

बाइबिल का
आकाश और पृथ्वी
उजियारा समुद्र
जाति-जाति के मनुष्य
तुमने बनाया

किन्तु
मैंने देखा
एक संस्था–
कुर्सी पर बैठे

पदविहीन
कोई नग्न
फटे वस्त्र
मन्दबुद्धि
शिशु किशोर
कोई चीख़ता
चिल्लाता
दाँत किटकिटाता
वक्रकाय मूक
ग्रीवा से लटकते सिर
उठने में अक्षम
शून्य-भाव
निश्चल
निरीह दृष्टि–
कोई हँसता अनायास
उत्सर्ज अपने ही
हाथों से लीपता

क्या सचमुच
तुम्हीं ने सिरजा
विकलांग दृष्टिबाधित
भंगचित्त
पितृ त्यज्य
मदर टेरेसा फ़ाउंडेशन
के लक्षित चेहरे?

हो गयी भूल
जब करनी थी
मूर्तियों में
प्राण की प्रतिष्ठा
या

शंकर के 'ईश्वर'
तुमने लीला-प्रदर्शन में
किया परिहास?

निकल आओ, प्रभु!
धर्मग्रन्थ से बाहर
फ़ाउंडेशन के पालित
बच्चे माँगते हैं उत्तर।

## कठघरे में भीष्म

जब एक कुलवधू को
किया जा रहा था
निर्वस्त्र
सबके समक्ष

अपने श्वेत वस्त्रों में
तुम भी बैठे थे वहाँ
शक्ति थी तुममें
रोक सकते थे
तुम एक क्षण में
सब कुछ धूल-सा
छोड़कर चल देने का
साहस था तुममें
फिर बँधे रहे क्यों
अनीति के स्तम्भ से
होने दिया अपमानित
एक नारी को
कापुरुषों के हाथों।

निर्वस्त्र तो तुम भी
हो रहे थे भीष्म!
क्यों नहीं कौंध गयी
तुम्हारे सीने में
तड़ित चीत्कार

खड्ग हाथ में
क्यों नहीं निकल आये
उन शीशों को
अलग करने को धड़ से
जो उठे
एक स्त्री के लज्जा-हरण को।

तुम तो चरित्र
और वीरता के
प्रतिमान थे
किन्तु यह कैसा पुरुषार्थ
और कैसा क्षत्रिय-धर्म?
यह तुम्हीं थे
जिसने अपने पिता के
शारीरिक सुख के साधन हेतु
कठोर शपथ लिया था...
सदा अविवाहित रहने का।
पूरे विश्व ने
तुम्हारे अडिग व्यक्तित्व का
लोहा माना था
किन्तु आज सिर नीचा किये
तुम कौन सा धर्म निभा रहे भीष्म!
यदि तुम पिता की
वासना-पूर्ति हेतु
कर सकते थे प्रण
तो स्त्री-सम्मान में
कर देना था
प्राणोत्सर्ग।
द्रौपदी के माध्यम से
इतिहास और आने वाली पीढ़ियाँ
हमेशा खड़ा करेंगी

तुम्हें नैतिकता के
कठघरे में
और तुम बैठे रहोगे
सिर झुकाये
आँखें चुराये
आज की ही तरह।
... ... ...
हारे हताश और नीतिच्युत!

## तुम भाग्यशाली थे, कृष्ण!

तुम भाग्यशाली थे, कृष्ण!
गायों के साथ
तुम करते थे विहार
मधुबन में
प्रकृति के आलम्ब में
रचाते तुम प्रेम-रास
गायें तो मेरे पास भी हैं
किन्तु
गोशाले में बन्द
घुमाती हैं पूँछें
भगाती हैं मक्खियाँ
एक-दूसरे से
सींग भिड़ाती
गोपालक डाल देता है
भूसा चारा और दाने
सीमेंट से बनी नाँद में
भेजता हूँ तस्वीरें
कलेक्टर को...
शासन को...
शायद मिल जाये
अनुदान कोई।

तुम कदम्ब की छाँव में

बैठते मगन हो
बंशी बजाते
कभी मधुवन में
कभी निधिवन में
गायों को रिझाते
कभी गोपी लुभाते
छुपते-छुपाते
पेड़ों की ओट कभी
कभी पीछे उस कुंज के।

छीजते-छीजते...
मेरे हिस्से में आया
संकुचन के इस रूप में
तुम्हारा रास-स्थल
अब क्या करूँ मैं
तुम्हारे निधिवन का?
तस्वीरें खिंचवाऊँ
व्यवसाय करूँ
या...
फ़ेसबुक में रखूँ
कर के महिमामण्डित
एक बहुमूल्य धरोहर
की तरह
जीवन से परे...

आज गायें तो नहीं
किन्तु
आते हैं लोग झुण्डों में
हज़ारों की संख्या में
क्षमा करना, कृष्ण...!
मैंने ही कह रखा है सबसे

कि
अब भी आते हो तुम
प्रतिदिन
निधिवन में...
रात्रि में...रचाने को रास।

## राम! क्या सच में थे तुम?

राम!
क्या सच में थे...
तुम?

कई बार सोचा
तुम्हारी कथा
एक फ़रेब है...
एक ब्रह्मवादी
मस्तिष्क के
षड्यन्त्र का दुराभास...
प्रवहण जाबालि
या याज्ञवल्क्य की परम्परा का
उद्भास...

कई बार होता हूँ
असहमत...
तुम्हारी नीति से
स्तब्ध हो जाता हूँ
कृत्य से तुम्हारे...
तुम्हारे दृष्टिकोण से
हतप्रभ हो जाता हूँ
और कभी
हो जाता हूँ अभिभूत।

फिर सोचता हूँ...
पहले तुम कहानी में आये
फिर बने ईश्वर?
या पहले उत्पन्न हुए
किसी समाज-नियन्ता के
मस्तिष्क में
ईश्वर के रूप में...
फिर प्रतिष्ठापित किये गये
अलग-अलग ग्रन्थों में
दैवी स्वरूप में?

तुम्हारे व्यक्तित्व की
झील पर
अक्सर आकर
खड़ा हो जाता हूँ
निर्वस्त्र...
छोटा-सा बनता है
प्रतिबिम्ब मेरा...
तुम्हारे समक्ष...
लज्जित हो जाता हूँ...
अपने आप से
अनायास...
विवश होकर
पुकारता हूँ तुमको
बनाता हूँ
आराध्य।

कभी सोचता हूँ
तुम ईश्वर
क्यों बन गये राम...
क्या मनुजत्व में
नहीं था

तुम्हारा विश्वास?

तुम्हारी
पितृभक्ति
एक निष्ठा
संगठन-क्षमता
लोकपरकता
एक कीर्ति स्तम्भ है...
किन्तु
क्षमा करना, प्रभु!
अक्सर मन में
एक प्रश्न...
छा जाता है...
...किसने बनायीं
मर्यादाएँ तुम्हारी
और उसमें भरा एक
पुरुषोत्तम चरित्र?

सुना है...
वनवासी हो गये तुम
युवावस्था में
नवविवाहिता के साथ
राजशक्ति के बावजूद
पत्नी और पुत्र का
वियोग सहा...
तुमने बहुत दर्द सहा, प्रभु!
लोक के लिए...

किन्तु
लोक के हुए जितने
तुम मूल्यों के
क्यों नहीं हुए, राम?

## ...तुम्हारा राम!

मैं राम हूँ!
मनुजत्व की
शक्ति एवं संवेदनाओं से
सराबोर...
तुम्हारे जैसा ही
कभी दुखी
कभी लाचार
कभी आत्मविश्वास
और ऊर्जा से भरपूर।

ज्येष्ठ पुत्र के नाते
राज्य मेरा अधिकार था
पर...
हाय रे दुर्भाग्य!
राजतिलक के स्थान पर
राजाज्ञा के वशीभूत
वनवासी हुआ
मैं सपत्नीक।

फिर वन्यक्षेत्र का
मिश्रित अनुभव...
विस्तीर्ण गगन
निस्सीम भूमि
कुछ नये दाँव

कुछ नये घाव
दरख़्तों की वह
धूप-छाँव
वह नैसर्गिक संसर्ग-भाव
उस कुहू-कुहू की मधुर तान
वह पर्णकुटी का वन्यधाम
हर रिश्ते का खुला स्वाद
निश्छल प्रेम सम सख्य-भाव।

और एक दिन...
लालच के वशीभूत हो
सोने के पीछे मैं भागा
तन्त्र के दुष्चक्र में फँसकर
अपनी प्रिया को खोया
पत्नी-वियोग में
पागलों की तरह रोया।

अक्सर मन
दुश्चिन्ता में खो जाता
मैं वही अयोध्या कुमार...
जिसने किशोरावस्था में
दुष्टों और दस्युओं से
साधुजन की रक्षा की
अपने पराक्रम से...
सैकड़ों योद्धाओं के बीच
सिया को जीता...
साकेत का राजभोग
जिसकी नियति थी...
आज...
अपनी पत्नी की रक्षा
नहीं कर पाया

क्या मुँह दिखाऊँगा
कैसे सिद्ध कर पाऊँगा
अपनी पात्रता
और प्रासंगिकता...
राज्य के लिए?

मस्तिष्क में रिस रहे
तनाव ने कहा...
उपलब्ध संसाधनों से ही
प्रशस्त हो सकता है
सिद्धि का मार्ग...
फिर...
छोटे-छोटे उपेक्षित-से
शक्ति कणों को
संगठित किया मैंने
बुराई के एक
जटिल तन्त्र के विरुद्ध

अन्ततः..
मैंने लंका जीती
प्रिया को भी पाया
ऐश्वर्य...
प्रभुता और प्रतिष्ठा पायी...
फिर सोचा...
एक सोने का हिरण
इतना दुःख दे सकता है
फिर ये तो लंका ही सोने की है...
दृढ़ नियन्त्रण कर
अपने लोभ पर
लौट आया साकेत।

फिर मैंने जाना...

संघर्ष का अन्त नहीं...
त्याग और ग्रहण
प्रवृत्ति और निवृत्ति का
द्वन्द्व तो सनातन है...
आज मुझे
साकेत और सीता में
एक चुनना था...
मैंने निकाला
एक सुरक्षित मार्ग...
अग्निपरीक्षा...
जो मथ रहा था दिवसों से
मेरे मन और मस्तिष्क को...
उस संशय का भी
समाधान...
लोक भी सन्तुष्ट।
क्षमा करना, प्रिय!
कुछ ऐसे ही
विवश पलों में
मैंने जारी की थी
सीता के
वनगमन की राजाज्ञा...

जब भी अकेला होता हूँ
तुम्हारे प्रश्न
चीख़ते हैं मेरे कानों में...
ग्लानि से भर जाता हूँ मैं
कोई उत्तर नहीं होता...
सिवा इसके कि...
यह राजधर्म और लोकधर्म की
मर्यादा थी...
और मैं बद्ध और विवश...

फिर मेरे ही प्रश्न
बजते हैं मेरे मस्तिष्क में
धड़-धड़...
क्या मैं इन्हीं मर्यादाओं का
पुरुषोत्तम हूँ?

मैं जीवन भर
छटपटाता रहा हूँ
लोकधर्म और चिरन्तन मूल्यों के
विषम पाटों के बीच...
राज्य का चयन
मेरा था...
आज तुमने...
मुझे ईश्वर बना दिया है
अपनी ख़ातिर...
मैं फिर तुम्हारे रचे हुए
मर्यादा और पाटों के बीच
बँधा हुआ
पीड़ा से छटपटा रहा हूँ
मत बनाओ मुझे ईश्वर!
तंग हो गया हूँ मैं
तुम्हारे ईश्वरत्व
और
अपने ऊपर
उठते सवालों से...
मुक्त करो मुझे
... ... ...
मुक्त करो!

## भये प्रकट कृपाला

कहते लोगों को सुना है
ग्रन्थों में भी पढ़ा है
होना था जब राम-जन्म...

वह चैत मास का
शुक्ल पक्ष
नवमी का
वह मंगल दिन...

गगन स्वच्छ था
नदियाँ भरकर झूम रही थीं
और सरोवर
हरहर टलमल...
सुखस्पर्शी था
पवन मन्द
कोयल की गूँजी
मधुर तान
पपीहे की उस
पिउ-पिउ में
बन रहा सुरम्य था
नगर-ग्राम...

लहलहा उठे
सब लता गुल्म
हर किसलय पर
छाया आकर्षण
पर्वत पर बिखरी

रत्नराशि
सौरभ से महका
वीथि-वन...

हर शाख़ लद रही
फूलों से
सर-सरिता में
कुमुदिनी-कँवल
प्रकृति हर अवयव
पिरो-पिरो
अभिसार कर रही
जीवन का...

तीव्र गति में
टहल रहा था
अवधराज
एक दोलक बन
दृष्टि लगी थी
बन्द द्वार पर
कब आये सन्देश सुमन...

शिशु-जन्म की
और प्रतीक्षा...
आख़िर कब तक?
बढ़ रही गति थी
आतुर मन की
एक-एक पल
बन रहा वर्ष था
दशरथ का।

हवनकुण्ड में अग्निशिखा
उफनी ऊपर को ज्योतिप्रभा
फैला शीतल निर्मल प्रकाश
भर गयी कक्ष में ज्योतिराशि
आनन्दलोक में कौशल्या
अपने शरीर का नहीं ज्ञान

वह अमल ज्योति
पर नहीं आँच
सहसा छाया एक सम्मोहन
उस दीप्ति-प्रभा में आलोड़न
प्रकाशपुंज हो घनीभूत
बन गया चतुर्भुज
रूप-राशि।

कौशल्या भयभीत कभी
फिर माता अभिभूत अभी
बोली त्यागो अब दिव्य रूप
प्यासा है यह मातृ अंक
भर जाओ धरकर बालरूप

फिर प्रकट हुआ वह रूपधाम
नन्हा प्यारा-सा शिशु श्याम।
सहसा माँ ने देखा शिशु को
उठा अंक ले तृप्त हुई
आँखों से उमड़ी दिव्य धार
वह सुन्दरतम वह सुकुमार

विद्युत-सा फैला समाचार
अयोध्या ने पाया युवराज
दशरथ ने खोला राजकोष
लुटा रहे धन नहीं तोष
स्वर्ण रत्न और आभूषण
सहस्र धेनु, गज, अश्व श्याम
आज दान का नहीं पार...

हर नगर-ग्राम में उत्सव है
हर पथ पर फैला पुष्पसार।

---

कुछ दोस्तों के परामर्श और प्रेरणा से राम से सम्बन्धित लिखी जा रही काव्य-शृंखला में है यह कविता।

## भगिनी प्रेम में राम हृदय

चार बाल अब
चहक रहे थे
कोशल नरेश के आँगन में
पशु-पक्षी भी फुदक रहे थे
कलरव करते प्रांगण में

मयूर ठुमकते हंस कूकते
विहग चहकते रंग-बिरंग
शशक और मार्जार घूमते
जैसे उनका हो उपवन

किसी बाल को
दु:ख पहुँचा हो
राम दु:खी हो जाते थे
और राम के
स्मित मुख पर
सारे ख़ुशी मनाते थे।

आगे राम निकलते तो
पीछे बच्चों का दल चलता
नैसर्गिक नायक था वह
सखा का
अन्तरंग वह था।

सरयू की जलक्रीड़ा तो
बाल-वृन्द का नित्य व्यसन था
और तरण की स्पर्धा
कौशल का कुशल प्रदर्शन था

एक दिवस जब एक मकर ने
पकड़ लिया पद एक सखा का
पूँछ ऐंठकर पलट राम ने
एड़ लगायी गर्दन पर
चढ़ गये बाल सब
कूद मकर पर
ख़ैर नहीं अब दुश्मन का
भाग मकर ने जान बचायी
बच्चों ने की हर्ष-ध्वनि
गूँजी राम-जय अम्बर में
हर्षित हुई इधर अवनि।

राखी का दिन आया तो
सर्व बाल-कर सूत्र बँधे
भगिनी प्रेम में राम हृदय
मन डूब रहा साधे न सधे

सूनी राम कलाई थी
आँखों से झरता निर्झर
धीर राम ने तिक्त वाक् में
माँ से बोला सिसक-सिसक...

सुना है मेरी एक बहिन थी
पिता ने सौंपा अंगराज को
आह, शान्ता! भगिनी मेरी
कितना मधुर वह पल होता
खींचकर तेरे केश भागता
और अंक में मैं सोता...

आज राम का रूप अलग था
मन में रोष प्रखर था
हृदय भरा था भावों से
आँखों में उमड़ता जल था

प्रश्न राम का भेद गया
कौशल्या के अन्तरतम को
अग्रज हूँ मैं इस गृह का
दु:ख साल रहा मेरे मन को

मुझे पाने को किया पिता ने
पुत्रेष्टि और अश्वमेध था
किन्तु दोष क्या शान्ता का
उसको जो भेजा अंगदेश था

यदि मैं पहले पैदा होता
मुझको किसी और को देते?
मन करता है पिता से पूछूँ
महाराज क्या निर्णय लेते?

निकले राम चतुर्भ्राता संग
अन्तर्मन था क्रन्दन में
आज अवध की सब बहनों ने
बाँधा राम को बन्धन में।

# क्रूर लीलाधर

ब्रह्म ही सत्य है
जगत् मिथ्या है
शेष उसकी लीला है...
किन्तु
सार्त्र ने तो कहा था...
मृत्यु सत्य है
तो फिर जीवन मिथ्या
कैसे हो सकता...
वह तो मृत्यु की
पूर्व शर्त है

एक कोविद संक्रमित की
मॉनिटर पर टिकी हुई
आँखों के सामने घूमता
यादों का चलचित्र...
गिरती हुई ऑक्सीजन दर
और हृदय की
धक-धक में
उमड़ता
आशंका का समुद्र...
कहता है कि
मृत्यु सामने खड़ी है
किन्तु

जीवन का अन्तिम छोर
जिसे ज़ोर से
हाथों में दबाकर रखा था
खिसकता जा रहा है...

सफ़ेद रंग के किट में
मृत्यु को चुनौती देता
एक चिकित्सक खड़ा है
एक नज़र बाइपैप पर
और एक नज़र
मॉनिटर पर लगाये
सम्हालता है वैन सर्किट...
एक सन्दिग्ध अस्तित्व
ईश्वर को पुकारता है...
करता जा रहा
यत्न पर यत्न...
क्रमशः...

श्मशान के
पंजीकरण द्वार पर
लगी हैं क़तारें
परिजनों की...
जिन्हें करना है शवदाह
प्रिय स्वजन का...
जल रहीं
चिताओं की पंक्तियाँ
भयावह...
कहीं नहीं जगह
कहीं नहीं जगह...

रात में बजती है घण्टी
चौंक जाते हैं

आशंका में आत्मीय
कहीं कोई दुखद
समाचार तो नहीं...
कहीं कोई अवरोध तो नहीं
ऑक्सीजन आपूर्ति में...

रोज़ सुबह धूपबत्ती
सान्ध्य में दीपक
जलाते हैं प्रियजन
कर रहे यज्ञ...
जाप मृत्युंजय मन्त्र का...
अब तो कुछ
सुखद समाचार आये।

हे प्रभु!
क्या सचमुच तुम हो कहीं?
या तुम हो मात्र
हमारी अक्षमताओं का
एक पलायन मार्ग...
हमारी विफलताओं का
रक्षा कवच...
जीवन को आगे बढ़ाने
की एक कल्पित आस...

फट जाता है
एक पिता का कलेजा
जब जीवन छोड़कर
जाता है उसका पुत्र...
कैसे देख सकते हो
तुम असमय
असंख्य चिताएँ
अपनी कृतियों की...?